essentials

essentials liefern aktuelles Wissen in konzentrierter Form. Die Essenz dessen, worauf es als „State-of-the-Art" in der gegenwärtigen Fachdiskussion oder in der Praxis ankommt. *essentials* informieren schnell, unkompliziert und verständlich

- als Einführung in ein aktuelles Thema aus Ihrem Fachgebiet
- als Einstieg in ein für Sie noch unbekanntes Themenfelda
- als Einblick, um zum Thema mitreden zu können

Die Bücher in elektronischer und gedruckter Form bringen das Fachwissen von Springerautor*innen kompakt zur Darstellung. Sie sind besonders für die Nutzung als eBook auf Tablet-PCs, eBook-Readern und Smartphones geeignet. *essentials* sind Wissensbausteine aus den Wirtschafts-, Sozial- und Geisteswissenschaften, aus Technik und Naturwissenschaften sowie aus Medizin, Psychologie und Gesundheitsberufen. Von renommierten Autor*innen aller Springer-Verlagsmarken.

Weitere Bände in der Reihe http://www.springer.com/series/13088

Hansjürgen Arlt

Arbeit und Krise

Erzählungen und Realitäten der Moderne

 Springer VS

Hansjürgen Arlt
Berlin, Deutschland

ISSN 2197-6708   ISSN 2197-6716   (electronic)
essentials
ISBN 978-3-658-33434-5   ISBN 978-3-658-33435-2   (eBook)
https://doi.org/10.1007/978-3-658-33435-2

Die Deutsche Nationalbibliothek verzeichnet diese Publikation in der Deutschen Nationalbibliografie; detaillierte bibliografische Daten sind im Internet über http://dnb.d-nb.de abrufbar.

Planung/Lektorat: Katrin Emmerich
Springer VS ist ein Imprint der eingetragenen Gesellschaft Springer Fachmedien Wiesbaden GmbH und ist ein Teil von Springer Nature.
Die Anschrift der Gesellschaft ist: Abraham-Lincoln-Str. 46, 65189 Wiesbaden, Germany

Was Sie in diesem *essential* finden können

- Weshalb Arbeit nicht nur als Handlung, sondern als Funktionszusammenhang begriffen werden sollte
- Wie die liberal-maskuline Bedeutung von Freiheit und Gleichheit soziale Realitäten ausblendet
- Warum Vollbeschäftigung Zufall ist, aber Naturzerstörung Absicht
- Wie das Finanzsystem Zukunft ausbeutet
- Was sich in den digitalen „Zeiten des Change" bisher ändert und was nicht

Einleitung

Krisenphänomene wie Umweltzerstörung und Massenflucht, Insolvenzen und Schuldenberge, Arbeitslosigkeit und Armut, psychische Depression und Burnout alarmieren unsere Gegenwartsgesellschaft – die gleichzeitig Höchstleistungen auf vielen Gebieten feiert und ihren Wohlstand genießt. Der Corona-Pandemie hätte es nicht bedurft, um zu wissen, wie sehr Krisen im Zentrum der Selbstbeobachtung der modernen Gesellschaft stehen. „Tatsächlich gibt es wohl keinen anderen Begriff, der den öffentlichen Diskurs in vergleichbarer Weise prägt." (Steg 2020, S. 71). Alleine die zwölf Jahre 2008 bis 2020 haben mit Finanz-, Migrations-, Klima- und Corona-Krise vier globale Krisen erlebt.

Im vorherrschenden politischen Selbstverständnis werden Krisen vornehmlich als Ereignisse dargestellt, welche die Gesellschaft von außen treffen wie technisches oder menschliches Versagen, desaströse Naturereignisse, Kriminalität, besonders Terroranschläge (Bundesministerium des Innern 2014, S. 4; ZOES 2020). Aufzuzeigen, wie sich gewiss nicht jede einzelne Krise, aber die Krisenhaftigkeit der Gegenwart gründlicher begreifen lässt, wenn man sie in den Strukturen und Prozessen der Arbeitsverhältnisse sucht, das ist die Aufgabenstellung dieses *Essentials*.

Niemand wird der sich seit dem 18. Jahrhundert entfaltenden Moderne das Prädikat „wirtschaftlich erfolgreich" verweigern. Selbst das kommunistische Manifest fragt voller Bewunderung: „Unterjochung der Naturkräfte, Maschinerie, Anwendung der Chemie auf Industrie und Ackerbau, Dampfschiffahrt, Eisenbahnen, elektrische Telegraphen, Urbarmachung ganzer Weltteile, Schiffbarmachung der Flüsse, ganze aus dem Boden herausgestampfte Bevölkerungen – welches frühere Jahrhundert ahnte, dass solche Produktionskräfte im Schoß der gesellschaftlichen Arbeit schlummerten?" (Marx und Engels 1972/*1848, S. 467). „An die Arbeit!" könnte als Motto über der modernen Gesellschaft stehen. „Wie viel-fältig, teils widersprüchlich und auch kontextabhängig die Reflexion über Arbeit in der Moderne war und bis heute ist" (Grimstein et al. 2015, S. 10): Zu den Realitäten der modernen Erfolgsgeschichte der Arbeit gehören zusammen mit der Unterwerfung der Natur auch die Proletarisierung von Arbeitskräften, die Missachtung der Frauen und die Ausbeutung anderer Länder.

Schon das Eigenschaftswort, das sie im Namen trägt, verrät die fundamentale Zukunftsorientierung der *modernen* Gesellschaft[1]. Auf eine bessere Zukunft hin-aus zu wollen vereint die dominierend-affirmativen Akteure auch noch mit den schärfsten Kritikern modernen Lebens. Dass Zukunftssicherheit verloren geht, Hoffnungen auf die Zukunft sich in Angst vor Morgen verwandeln, charakte-risiert Krisenerfahrungen – gesellschaftliche wie persönliche. Den Depressiven, sagt Alain Ehrenberg (2004, S. 10), hat „eine Zeit ohne Zukunft erfasst". Das Kommende erscheint in der Krise bedrohlich, ihm wird Katastrophenpotential zugeschrieben, während Unklarheit über die Ursachen, Dissens über die Lage und Zweifel an Therapien herrschen.

In engem Zusammenhang mit der generellen Zukunftsorientierung der Moderne steht der hohe Stellenwert der Wirtschaft, denn ökonomisches Han-deln hat – Landwirtschaft ist der erste historische Fall – zukünftige Versorgung im Blick. „Diese Orientierung an Zukünften, ja sogar Schaffung von Zukünf-ten, strukturiert nicht nur die Finanzökonomie, sondern nahezu jeden Bereich der Ökonomie." (Stäheli 2014, S. 283) Eine funktionale Theorie der Arbeit, wie sie in diesem *Essential* entwickelt wird, kann die futuristische Dimension des Ökonomi-schen entschlüsseln. Funktionale Theorien antworten auf Wozu-Fragen. Ihr großer Vorteil liegt darin: Sie vermeiden es, soziale Formen wie Konkurrenz oder Tausch und Sozialfiguren (Möbius und Schroer 2010) wie Manager oder Konsumentin zu zeitlosen Konstanten zu erheben und als allgemein-menschliche Eigenschaften auszugeben.[2]

Die multidimensionalen und globalen Krisenphänomene erschließen sich dann, wenn Arbeit erstens nicht auf ihre Leistungskomponente reduziert, sondern als Einheit der Komponenten Bedarf, Leistung und Gebrauch begriffen wird; und

---

[1] Mit moderner Gesellschaft ist der Gesellschaftstyp gemeint, der sich zwischen dem 15. und 18. Jahrhundert in Europa Bahn brach, im 18. und 19. Jahrhundert in Europa und Nordamerika etablierte und seither in seinen eigenen Strukturen entwickelt.

[2] „Eine Funktion ist zunächst einmal nichts anderes als ein Vergleichsgesichtspunkt. Ein Problem wird markiert (man spricht dann von ‚Bezugsproblem'), um eine Mehrheit von Problemlösungen vergleichbar zu machen […]. In diesem Sinne ist funktionale Analyse ein methodisches Prinzip, das sich durch beliebige Beobachter mit beliebigen Problemstellungen (inklusive Zwecksetzungen) anwenden lässt." (Luhmann 1997a, S. 223).

wenn die Arbeit zweitens in den übergreifenden gesellschaftlichen Zusammenhang der Moderne eingeordnet wird, für den ein bestimmtes Freiheits- und
Gleichheitsverständnis zentral ist. Den Ausgangspunkt bildet die Feststellung,
getroffen von Karl Marx (1969/*1846, S. 186), „die Arbeit ist frei in allen
zivilisierten Ländern".

Im *ersten* Kapitel werden der funktionale Arbeitsbegriff vorgestellt und die
moderne Form von Freiheit und Gleichheit erläutert, mit der unsere Gegenwartsgesellschaft sich abhebt von vormodernen Lebensverhältnissen – und dabei so
tut, als gäbe es nur diese eine Freiheit und nur diese eine Gleichheit, die sie
meint. Kapitel *zwei* geht davon aus, dass die übliche Individualisierungsperspek-
tive unzureichend ist, solange sie nicht in Organisationszusammenhänge gestellt
wird. Das Kapitel beschreibt zunächst die Beziehung zwischen Arbeitskraft und
Organisation als ein Mietverhältnis und beleuchtet aus dieser Perspektive Arbeits-
zusammenhänge und Akteurskonstellationen wie Gewerkschaften, Bündnisse für
Arbeit und sozialstaatliche Politik. In den Kontexten von Karriere, Konkurrenz
und Kapital wird dann nach personalen und organisationalen Krisenphänomenen
gefragt. Kapitel *drei* gilt dem Krisenpotential der Märkte, sowohl der Güter- als
auch der Finanzmärkte, und in diesem Zusammenhang dem Geld als überragen-
dem Erfolgsmedium. Diskutiert wird schließlich im Kapitel *vier* die Zukunft der
Arbeit angesichts ihrer globalen Vernetzung und digitalen Entbindung aus dem
disziplinarischen Regime der industriellen Moderne.[3]

---

[3] Für die kritische Lektüre der vorletzten Manuskriptversion bedanke ich mich bei Fabian Arlt,
Andreas Galling-Stiehler, Olaf Hoffjann, Ingrid Kurz-Scherf, Jürgen Schulz, Wolfgang Storz,
Klaus West und Rainer Zech. Studierenden der UdK Berlin und der Cusanus-Hochschule
Bernkastel-Kues danke ich für Rezeption und Diskussion einzelner Argumentationslinien.

Inhaltsverzeichnis

Über den Autor

Prof. Dr. Hans-Jürgen Arlt lehrt als Sozialwissenschaftler am Institut für Theorie und Praxis der Kommunikation der Universität der Künste Berlin.

„Die Arbeit ist frei in allen zivilisierten Ländern"

1

Nur wenige Veränderungen beeinflussen die Zivilisation derartig nachhaltig wie eine Änderung des Prinzips, auf dem die Organisation der Arbeit beruht. (Drucker 2010, S. 387)

„Die Arbeit ist frei in allen zivilisierten Ländern", schrieb Karl Marx (1969/*1846, S. 186) in der Mitte des 19. Jahrhunderts – eine für das allgemeine Marxismus-Verständnis eher überraschende Aussage, die in traditionslinken Ohren „neoliberal" klingt. „Zivilisiert" heißt, nicht mehr der durch Geburt erworbene soziale Status regelt Rechte und Pflichten, sondern der auf dem freien Willen der Beteiligten beruhende Vertrag. Marx' Diktum, die Arbeit sei frei, hält fest: Auf dem Fundament der Zivilisation, nämlich der historischen Errungenschaften von Freiheit und Gleichheit, ist jeder Mensch Eigentümer seiner Arbeitskraft. Eigentum schützt; auch diejenigen, die viel haben, vor denjenigen, die wenig bis nichts haben. Unter den rechtlichen Voraussetzungen, die in den Revolutionen des 18. Jahrhunderts durchgesetzt wurden, sind „die von anderen Menschen aktualisierten Möglichkeiten […] auch für mich möglich, sind auch meine Möglichkeiten. Nur als Abwehr dessen hat zum Beispiel Eigentum Sinn."

© Der/die Autor(en), exklusiv lizenziert durch Springer Fachmedien Wiesbaden GmbH, ein Teil von Springer Nature 2021
H. Arlt, *Arbeit und Krise*, essentials,
https://doi.org/10.1007/978-3-658-33435-2_1

(Luhmann 1987, S. 32).[1] Eigentum schützt vor dem Zugriff anderer und begründet die Freiheit des Umgangs mit dem, was mir gehört, im Rahmen dessen, „was sich gehört".

Im Rahmen kultureller Konventionen, rechtlicher Regeln und individueller Fähigkeiten können die Eigentümer der Arbeitskraft darüber entscheiden, wie sie mit ihrem Eigentum umgehen: Was, wo, wie, mit wem, wie lange sie arbeiten. Die Arbeitskraft ist, wie in den Wirtschaftswissenschaften gerne gesagt wird, das Humankapital, mit dem verantwortungsvoll umzugehen seinen Eigentümern, den individuellen Personen, dringend empfohlen wird (Schultz 1971; Becker 1994).

Die Arbeit ist frei, dieser Ausgangspunkt ist in der Moderne so tief verankert, dass er von tatsächlich erlebten Einschränkungen und Notwendigkeiten verschüttet sein mag, aber dennoch wirksam bleibt. Selbst der nationalsozialistische Terror, der Millionen Menschen zu Zwangsarbeit, letztlich zu Vernichtung durch Arbeit verdammte, konnte dieses Strukturelement nur auf barbarische Weise unterbrechen, nicht beenden. Ganz offensichtlich konterkarieren Organisationen der Arbeit wie Unternehmen und Verwaltungen, seien sie staatlich oder privat gesteuert, die Freiheiten der Eigentümer der Arbeitskraft, machen Vorschriften und geben Anweisungen. Aber es würde die modernen Organisationen so nicht geben ohne diese grundsätzliche Entscheidungsfreiheit der individuellen Personen in Sachen Arbeit, die Freiheit nämlich, ob ich meine Arbeitskraft zu diesen oder anderen Konditionen an diese, eine andere oder an keine Organisation vermiete.[2] Das Diskriminierungspotential dieser Form von Freiheit ist ein Thema des Abschn. 1.2.

---

[1]Luhmann (1987, S. 32) notiert in einer Fußnote: „Die Funktion, Zumutbarkeit, Stabilität und Legitimierungsbedürftigkeit einer Rechtsinstitution wie des Eigentums können nicht allein vom Wirtschaftlichen her gesehen und auch nicht allein von der Ungerechtigkeit der Ungleichheit her beurteilt werden. Sie hängen wesentlich zusammen mit dem Alternativenreichtum und der Änderungsphantasie einer Gesellschaft, mit der Mobilisierung der Kommunikation, mit der Leichtigkeit des Perspektivenaustausches und des Rollenwechsels und des erlebnismäßigen und dann auch faktischen Zugangs zu den Möglichkeiten anderer [...]."

[2]Für die praktische Verständigung sind die vielen verschiedenen Bezeichnungen sehr nützlich: Unternehmen, Betrieb, Bank, Verwaltung, Stiftung, Verein, Partei etc. Gesellschaftstheoretisch relevant ist der Umstand, dass es sich dabei um Typen derselben modernen Sozialform handelt: der Organisation. Zu einer Übersicht mit Literaturempfehlungen siehe Kühl 2011.

1.1 Arbeit und ihre Komponenten Bedarf, Leistung, Gebrauch

Der Begriff der Arbeit wird mit Sinn überladen. Vom modernen Mainstream wird Arbeiten als erste Bürgerpflicht ausgerufen, von Christen zum Dienst an der Schöpfung auserkoren, in Arbeiterpartei-Programmen und Gewerkschafts-Reden zu des Menschen würdigstem Tun aufgeladen. Die großen Erzählungen korrespondieren mit einem sehr einfachen Grundverständnis, das in der Arbeit nur eine Handlungsweise sieht, nur eine Leistung erkennt – eine einfache oder anspruchsvolle, gering geschätzte oder geachtete, unter Druck oder mit Vergnügen ausgeführte.

Die handlungsfixierte Sichtweise richtet ihre Aufmerksamkeit auf die Leistungskomponente des Arbeitens und zieht erst in Krisensituationen, wenn Erzeugnisse keinen Absatz finden und Leistungen deshalb zurückgefahren werden müssen, auch die Gebrauchskomponente (Nachfrage) genauer in Betracht. Gerade die auf Publikumspräsenz angewiesenen Formen der Kulturarbeit (der Kinos, Theater, Museen, Galerien, Konzerte etc.) haben während der Corona-Krise drastisch daran erinnert, dass Arbeitsleistungen, die nicht in einen Gebrauch (bzw. einen Verkauf) münden, ihren Sinn als Arbeit verlieren.[3]

Über Arbeit zu reden und nur den Leistungsvollzug zu meinen[4], kommt einer zweifachen Amputation des Arbeitens gleich, weil die systematischen Komponenten des Bedarfs und des Gebrauchs unterschlagen werden. Ohne einen erkennbaren Bedarf beziehungsweise die Erwartung, ihn wecken zu können, fehlt der Arbeitsleistung jede Begründung. Man kann dann zwar immer noch alles Mögliche tun, aber es handelt sich nicht um eine Arbeitstätigkeit. Auf der anderen Seite vermag auch ein als Arbeitsleistung gemeintes Handeln alleine Arbeit nicht zu konstituieren, weil es ohne einen Gebrauch (des Produkts oder des Dienstes) auf sich selbst zurückverwiesen und als Arbeit unvollendet bleibt. Eine Leistung, die nicht gebraucht wird, entweder in einem anderen Leistungs- oder im Kon-

---

[3]Sich vorzustellen, dass Tätigsein auch sinnvoll sein kann, wenn es sich nicht um Arbeit handelt, fällt in der Moderne zwar zunehmend schwer, andere Zeiten hatten und andere Kulturen haben damit weniger Probleme.

[4]Im Grunde genommen erfasst der gewöhnliche Sprachgebrauch noch nicht einmal die Leistungskomponente der Arbeit vollständig, weil er die Steuerungsfunktion zugunsten der Durchführungsaufgabe ausblendet; siehe die Bezeichnung „Arbeiter".

Abb. 1.1 Arbeit und Kommunikation als serielle Einheiten einer dreifachen Selektion. (Eigene Darstellung)

sumzusammenhang, wird nicht zur Arbeit. Mit dem Gebrauch wird der Bedarf befriedigt und es entsteht neuer, dem in bisheriger oder anderer Weise entsprochen wird (oder auch nicht, z. B. die Zahlungsfähigkeit nicht ausreicht) (Abb. 1.1).[5]

Der Vergleich mit Kommunikation mag diesen Sachverhalt erhellen: Das Mitteilungshandeln alleine lässt noch keine Kommunikation entstehen, eine Adresse muss erreicht und aufmerksam werden und dieses Handeln als Mitteilung verstehen. Kommunikation hat den Vorteil, dass sie mit dem Sprechen (und später dem Schreiben) Handlungsweisen ausdifferenziert hat, die sofort als kommunikatives Handeln erkennbar sind. Sprache ermöglicht „die Ausdifferenzierung von Kommunikationsprozessen aus einem (wie immer anspruchsvollen, komplexen) Wahrnehmungskontext" (Luhmann 1984, S. 210). Ein so eindeutiges Unterscheidungsmerkmal gibt es für Arbeitsprozesse nicht. Eine der Folgen ist, dass es in der Moderne so leicht fällt, tendenziell alle Tätigkeiten unter Arbeit zu subsumieren.

Von der Kommunikation kann auch gelernt werden, dass es sich bei den Komponenten Information, Mitteilung und Verstehen, welche in der Form koordinierter Selektivität ihre Einheit bilden, zwar um getrennte Ereignisse handelt. Ihr Zusammenhang kann sich zeitlich und räumlich so weit auflösen, dass die beteiligten Akteure aus völlig unterschiedlichen Kontexten heraus agieren – „als Kontext fungiert für jeden zunächst einmal das, was sein eigenes Wahrnehmungsfeld und sein eigenes Gedächtnis bereitstellt" (Luhmann 1984, S. 217) – und

[5]Wird Arbeit in dieser Weise begriffen, kommt man auch nicht mehr auf die Idee, Arbeit und Reproduktion als zwei verschiedene Sachverhalte anzusehen. „Also, ich glaube ja, dass Arbeit und Reproduktion als Gegensatzpaar überhaupt nicht funktionieren, weil wir spätestens seit den feministischen Interventionen in den 1960er Jahren wissen, dass Reproduktion eine Menge Arbeit ist." (Altenried et al. 2020, S. 48).

nichts voneinander zu wissen brauchen. Wie eine Mitteilung entsteht, mag den handelnden Akteuren auf der Adressatenseite unbekannt sein; wie auch umgekehrt die Absenderseite nichts davon zu wissen braucht, wie, wann und von wem die Mitteilung rezipiert wird. Aber an der Tatsache, dass die drei Komponenten strukturell zusammenhängen, ändert sich dadurch nichts.

Diese an der Kommunikation ablesbare Struktur schärft erstens den Blick dafür, dass Arbeit unverstanden bleibt, sofern und solange sie als eine Einzelleistung gesehen wird. Sowohl der Bedarf als auch der Gebrauch betrifft in der Regel andere, sodass Ingrid Kurz-Scherf (2016) mit Recht formulieren kann, Arbeiten sei eine „Tätigkeit für andere". Arbeit hat eine mit Kommunikation durchaus vergleichbare soziale Kraft – eine Perspektive, die der Theorie sozialer Systeme gänzlich entgleitet. Zweitens tritt hervor, dass jede Komponente nur als Selektion praktisch wird. Drittens wird sofort vorstellbar, dass sich der Funktionszusammenhang von Arbeit globalisiert. Und schließlich bekommen wir Hinweise auf die innere Logik von Krisenphänomenen der Arbeit.

Die tatsächliche wechselseitige Abhängigkeit isolierter, scheinbar voneinander unabhängiger Ereignisse bildet eine Grundstruktur der Krise. Wie souverän die getrennten Einzelereignisse auch vollzogen werden mögen, die vernachlässigten, jedenfalls nicht beherrschbaren Abhängigkeiten lassen Situationen entstehen, in denen es nicht mehr (so) weitergeht. In der Krise vereinigen sich eine unbegriffene Vergangenheit, man weiß nicht, wie man hineingeraten ist, und eine unbekannte Zukunft, man weiß nicht, wie man wieder herauskommen soll, zu einer ratlosen, aber Entscheidungen dringend fordernden Gegenwart. Die Moderne organisiert die gesellschaftliche Arbeit auf eine Weise, die Krisen mit unberechenbarer Regelmäßigkeit und, sonst wären es keine, mit nicht voraussagbarer Tiefe und Dauer normal werden lässt.

Sobald man unter Arbeiten mehr versteht als „ein gekonntes, kontinuierliches, geordnetes, anstrengendes nützliches Handeln, das auf ein Ziel gerichtet ist, welches jenseits des Vollzugs der Arbeitshandlung liegt" (Bahrdt 1983, S. 124), wird es möglich, Krisenpotentiale des Arbeitsprozesses zu beobachten. Was kann Krise der Arbeit heißen, wenn unter Arbeit der Funktionszusammenhang der Komponenten Bedarf, Leistung und Gebrauch verstanden wird? Welche Soll-Bruchstellen zeigen sich? Bedarf ist immer vorausgesetzt, fehlt er, braucht nicht gearbeitet zu werden – in der „Arbeitsgesellschaft" bekanntlich ein krisenhafter Zustand. Dass Bedarf eine Leistung auslöst, geschieht nicht automatisch, die Voraussetzungen dafür können fehlen. Dass die Leistung brauchbare Erzeugnisse hervorbringt, dafür gibt es keine Garantie. Dass Erzeugnisse dem Gebrauch zugeführt werden, ist nicht gewährleistet; nicht nur Zahlungsunfähigkeit kann es verhindern. Vor allem hat der Gebrauch einen Doppelcharakter, der, sobald die Arbeit bewirtschaftet wird, sich am Unterschied von Investition und Konsum bemerkbar macht.

Innere Risiken des Arbeitsprozesses prägen sich dort stärker aus, wo er wirtschaftlich organisiert wird. Voll zum Tragen kommen sie, sobald sich ein eigenes Wirtschaftssystem herausbildet und „die Wirtschaft nicht einer immanenten Logik des Bedarfs, sondern der Bedarf einer immanenten Logik der Wirtschaft folgt" (Luhmann 1991, S. 208).[6] Unter Wirtschaften soll mit Luhmann (1994, S. 43–90) verstanden werden, über gegenwärtige Möglichkeiten der Bedarfsbefriedigung so zu disponieren, dass ein Teil *aktuell* realisiert und ein anderer Teil reserviert wird, um *künftige* Bedarfsbefriedigung sicher zu stellen. Wirtschaften heißt, Versorgung und Vorsorge gleichzeitig im Auge zu haben. Weil Wirtschaft Versorgung zugunsten von Vorsorge relativiert, Gegenwart durch die Brille der Zukunft beobachtet, rückt für sie das Verhältnis von Aufwand und Ertrag in den Vordergrund. Je besser die heutige Leistung, desto größer die künftigen Gebrauchsmöglichkeiten. Dass sich kapitalistisches Wirtschaften für das Verhältnis von Kosten und Einnahmen vor allem anderen und mit möglichst wenig Rücksicht auf alles andere interessiert, wird ein späteres Thema sein.

Erzählt wird die ökonomische Logik meist als Verhältnis zwischen notwendigen Reproduktionsmitteln und frei verfügbaren Überschüssen. Aber „es geht nicht um das Überschreiten einer ‚Luxusschwelle', die durch minimale Bedürfnisbefriedigungen, Reproduktionsnotwendigkeiten oder wie immer definiert ist. […] Sondern es geht um mehr Sicherheit auf breiter Bedürfnisbasis für die Zukunft durch dafür geeignete institutionelle Arrangements" (Luhmann 1991a, S. 395). Das prominenteste dieser Arrangements ist unter dem Namen Geld bekannt.[7] Geld macht ökonomisch zukunftsfähig und sobald es sich als Kommunikationsmedium durchgesetzt hat (siehe Kap. 3), gerät die Arbeit in seinen Sog und wird faktisch zu einem Mittel, an Geld zu kommen – und unbezahlte Arbeit gerät aus dem Blickfeld, wird gesellschaftlich als Arbeit gar nicht mehr wahrgenommen. Aber um Geld so allgegenwärtig werden zu lassen, wie es heute zu erleben

---

[6]Luhmann (1991, S. 207) erläutert dazu: „Die realen Konsumchancen halten sich in anthropologisch fixierten Schranken und bleiben daher sehr gering. Die Absicht, mehr zu essen, sich mehr zu erwärmen, mehr zu erleben, stößt sehr rasch an Grenzen. Die wirtschaftliche Entwicklung kann also nicht, wie Theoretiker des 19. Jahrhunderts annahmen, von einer Art humaner Unersättlichkeit getrieben werden. Ihr Antrieb liegt vielmehr in den Strukturen des sozialen Systems der Wirtschaft."

[7]„Die Ausdifferenzierung eines Wirtschaftssystems der Gesellschaft wird durch Geldwirtschaft ermöglicht und setzt eine durchgehende Monetarisierung der Wirtschaft voraus." (Luhmann und Schorr 1979, S. 283).

ist, müssen gesellschaftliche Voraussetzungen gegeben sein, die über Arbeit und Wirtschaft hinausreichen.

1.2 Freiheit und Gleichheit: Die problematischen Anderen und das verantwortliche Selbst

Während in vormodernen Krisen das Ausgeliefertsein an die Natur dominiert, kommt in den Krisen der Moderne in erster Linie deren unbewältigte Sozialität zum Ausdruck. Weil sie sich gegen Jahrhunderte politischer Beherrschung und religiöser Bevormundung durchsetzen musste, versteht sich moderne Freiheit als unabhängig und selbstbestimmt. Weil sie gegen eine im sozialen Fundament eingemauerte ungleiche Verteilung von Rechten antrat, profiliert sich moderne Gleichheit als gleiches, eigenverantwortlich wahrgenommenes Recht. Weder diese Form der Freiheit noch diese Form der Gleichheit reflektiert hinreichend, geschweige denn berücksichtigt praktisch die sozialen Einbettungen, in welchen sie sich realisiert. Auch Revolutionen sind keine Befreiungen aus Gesellschaft, sondern nur aus alten sozialen Strukturen, für die neue gefunden und aufgebaut werden.

Freiheit – der Meinung, der Information, der Versammlung, der Wahl, der Wirtschaft, der Wissenschaft, der Kunst, der Presse, der Berufswahl, des Konsums, des Reisens, der Partnerwahl – und zwar das *gleiche Recht* auf alle Freiheiten steht auf dem Grundstein der Moderne. Propagiert wird die Idee, dass der Mensch nicht aufgrund seiner Geburt wer ist, sondern durch sein Handeln, zuallererst durch seine Arbeitsleistung jemand wird. Unveräußerliche Freiheiten und Rechte ohne Rücksicht auf soziale Voraussetzungen festzuschreiben, ihnen unter allen sozialen Umständen Geltung zu verschaffen, darin liegt der Fortschritt. Aber von sozialen Bedingungen abzusehen, ändert nichts an deren Existenz.

Soziale Notwendigkeiten und Abhängigkeiten, Koordinations- und Abstimmungserfordernisse, ohne die ein Zusammenleben nicht von Dauer sein, eine Gesellschaft keinen Bestand haben kann, begleiten das auf Unabhängigkeit, Selbstbestimmung und Eigenverantwortung fokussierte Verständnis von Freiheit und Gleichheit als Schatten, den sie ständig abzuschütteln versuchen.[8]

---

[8] „Schließlich verdanken wir alles, was wir sind, anderen Menschen. Das ist einfach so. Die Sprache, die wir sprechen und in der wir denken, unsere Gewohnheiten und Ansichten, welches Essen wir mögen, das Wissen, wie Licht angeht und wie die Toilettenspülung funktioniert […]. (Graeber 2012, S. 69) Vor allem aber, dass es elektrisches Licht und Toilettenspülung dank der Arbeit anderer Menschen gibt.

Als Garant uneingeschränkter Verfügungsmöglichkeiten muss solcher Freiheit Eigentum besonders wichtig sein.

Von einer „Dialektik der Aufklärung" (Horkheimer und Adorno 1971/*1944) zu sprechen, ist alles andere als ein neuer Gedanke. Aber die Selbstverständlichkeit, mit der die Aufklärung soziale Unterschiede propagiert und praktiziert hat, verschwindet allzu leicht hinter der zivilisatorischen Idee von Freiheit und Gleichheit. Ob ein Lebewesen ein Mensch, der Mensch ein Mann, der Mann weißer Hautfarbe und der weiße Mann vermögend oder nur Arbeitskraft ist, jeder dieser Unterschiede prägt die Herausbildung und die Entwicklung der modernen Gesellschaft entscheidend mit. Die Natur zu unterwerfen, Frauen abzuwerten, andere Länder auszubeuten und Arbeitskräfte zu instrumentalisieren, gehört nicht weniger zur Gründungs- und Erfolgsgeschichte der Moderne als die Durchsetzung allgemeiner Freiheits- und Gleichheitsrechte (Abb. 1.2).

Was als Freiheit und Gleichheit auf der Revolutionsfahne der Moderne steht, ist deren liberal-maskuline Version. „Brüderlichkeit" ist für diese Version so etwas wie eine Krücke für Zweibeiner. Die Konsequenzen für die Ordnung der

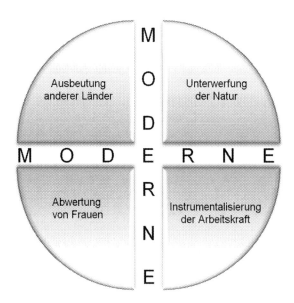

Abb. 1.2 Realitäten hinter den allgemeinen Freiheits- und Gleichheitsrechten. (Eigene Darstellung)

gesellschaftlichen Arbeit sind ebenso vielfältig wie durchschlagend. Sie können in diesem *Essential* nur punktuell und skizzenhaft dargestellt werden. Vor
allem kann auf die sozialen Bewegungen, die darauf reagieren, Umwelt-, Frauen-,
Befreiungs-, Flüchtlings-, Arbeiterbewegung, nur stellenweise verwiesen werden,
ohne sie auch nur ansatzweise angemessen zu behandeln.

Die Sichtweise, für die die liberal-maskuline Freiheit und Gleichheit stehen,
betont die Selbstbezüglichkeit, obwohl es das Eigene nur zusammen mit dem
Anderen geben kann. Sie ist fixiert auf eine Unabhängigkeit, die nicht wahr-
nehmen will, dass selbst mächtige und reiche Menschen auf alle angewiesen
sind, denen sie befehlen und die sie bezahlen. Aus ihrem Blickwinkel erscheint
Achtlosigkeit gegenüber den Konsequenzen des eigenen Handelns für andere
als weitgehend legitim. Denn alle gelten als freie Akteure, die ändern könnten,
wie sie leben, oder es aus welchen Gründen auch immer so wollen, zumin-
dest sich damit abfinden.[9] Die personale Entwicklung wird als Karriere gedeutet,
und von dem „immer wieder enttäuschten Versprechen" (Arlt und Schulz 2019,
S. 32) Chancengleichheit begleitet. Selbstbestimmung, die soziale Bindungen
für Randerscheinungen hält, erlegt hohe Selbstverantwortung auf, weil in dieser Sichtweise für Erfolge und Misserfolge nur die einzelnen Akteure selbst, sei
es eine Person, eine Organisation, ein Land, daran das Verdienst oder dafür die
Schuld haben. Akteure, die sich unter den Prämissen liberal-maskuliner Freiheit
und Gleichheit als unabhängig und selbstverantwortlich begegnen, werden sich,
wann immer Güter knapp und Ziele nicht von allen zu erreichen sind, als Konkurrenten verhalten. Sie favorisieren das „Zuerst" (ich zuerst, wir zuerst, Amerika
zuerst) nicht das „Zusammen"; auch Appelle zusammenzuhalten, zielen auf den
Kraftakt, Vorrang vor anderen zu gewinnen. Es kann nicht überraschen, dass
daraus imperiale Ambitionen entspringen, die legitim erscheinen.

> Über Arbeit zu reden und nur an die Leistungsprozesse zu denken,
> kommt einer doppelten Amputation des Arbeitens gleich, weil Bedarf
> und Gebrauch unterschlagen werden. Erst das Erfassen des Funktions-
> zusammenhangs der Arbeit erhellt, wie sehr sie in der Moderne zum
> Krisengebiet wurde. Es zeigen sich ignorierte Abhängigkeiten, eine Über-
> last an Selbstverantwortung und strukturell reproduzierte Ungleichheiten.
> Unter den liberal-maskulinen Formen von Freiheit und Gleichheit werden

---

[9]„Zwar wird Hungernden juristisch nicht die Gleichberechtigung abgesprochen – doch was
nützt ihnen dies, wenn sie sterben?" (Habermann 2016, S. 43).

soziale Verhältnisse von den dominierenden Erzählungen jedoch als Resultate unabhängigen, selbstbestimmten und eigenverantwortlichen Verhaltens geschildert.

Leistungszentrum und Krisenherd Organisation

„Arbeit gibt es seit ältesten Zeiten. Sie erhält ihre Struktur und ihre Motivation in primitiven Gesellschaften vor allem durch Bedingungen des physischen Überlebens, also durch gesellschaftsexterne Bedingungen. Was zu tun ist, ergibt sich unmittelbar aus dem Produkt der Tätigkeit. Dies ändert sich im Laufe des Aufbaus komplexerer Gesellschaften, die die benötigte Arbeit mehr und mehr sozial determinieren müssen, weil sie für Zwecke eingesetzt wird, die für den Arbeitenden selbst nicht unmittelbar überlebenswichtig sind.“ (Luhmann 2000, S. 380)

Die moderne Struktur der gesellschaftlichen Arbeit bietet eine schwer überschaubare Themenfülle. Besonders über den Leistungsprozess, über Kooperationen und Konflikte der Organisationen, über das Verhältnis zwischen Mensch und Technik, über das Verhältnis zur Natur, über die Beziehungen zwischen Organisation und Gesellschaft kann auf sehr verschiedenartige und kontroverse Weise erzählt werden.

Das Krisenpotential der Leistungsseite der Arbeit konkretisiert sich zum einen in den Beziehungen zwischen Person und Organisation, vor allem im Verhältnis zwischen den Eigentümern der Arbeitskraft und den Eigentümern der anderen Mittel, welche die Arbeitsleistung möglich machen. Es zeigt sich zum anderen, je mehr sich die Geldwirtschaft durchsetzt, in den Beziehungen zwischen Gesellschaft und Organisation. Mit zeitlicher Verzögerung, aber aus heutiger Wahrnehmung umso bedrohlicher, tritt das Krisenpotential im Verhältnis zur Natur hervor.

2.1 Ein besonderes Mietverhältnis: Zufall Vollbeschäftigung

Übernimmt man nicht einfach eingefahrene Sprechweisen, sondern anerkennt die modernen Freiheits- und Gleichheitsrechte, dann sind sogenannte Arbeitnehmerinnen und Arbeitnehmer, oft auch als abhängig Beschäftigte bezeichnet, Vermieterinnen ihrer Arbeitskraft auf der Suche nach Mietern. Umgekehrt suchen die Mieterinnen, meist Arbeitgeber oder auch Unternehmer genannt, Arbeitskräfte. Diese Sichtweise stiftet zunächst Verwirrung, weil wir gewohnt sind, die Vermieter-Position für die stärkere zu halten und mit Vermietung als erstes Wohnungen und Häuser assoziieren, in welche Mieterinnen einziehen. Im Fall der Arbeitskraft hingegen ist das sich aufdrängende, ungewohnte Bild, wie Vermieter durch das Fabriktor oder die Bürotür in Häuser der Mieterinnen von Arbeitskräften gehen.

Zu den prägenden Merkmalen der Leistungskomponente moderner Arbeit gehört ein Mietverhältnis, freilich in mehrfacher Hinsicht ein sonderbares. Erstens hängt für die meisten Personen, die ihre Arbeitskraft vermieten, die Möglichkeit einer eigenständigen sozialen, oft sogar die Finanzierung ihrer natürlichen Existenz davon ab. Zweitens haben die Männer via Heirat bis in das 20. Jahrhundert hinein das Eigentum an der weiblichen Arbeitskraft gleich mit übernommen. Eine dritte Besonderheit besteht darin, dass sich die Vermieter von dem Mietobjekt nicht zu trennen vermögen. Alles, was diesem widerfährt, betrifft jene direkt, erleben jene unmittelbar. Unternehmer müssen sich darauf einstellen, dass den Vermieterinnen nichts von dem entgeht, was der gemieteten Arbeitskraft abverlangt wird. Verglichen mit einer Mietwohnung wäre das so, als ob das Geschehen in jedem Raum vom Vermieter jederzeit überwacht wird. Zum vierten haben in der Regel die Mieter, nicht die Vermieterinnen die Steuerungsfunktion inne, sodass die Arbeitskraft für sie ein Dispositionsobjekt darstellt, über das sie anhand unternehmerischer Kriterien entscheiden. Das heißt vor allem anderen, im Unternehmen muss es überhaupt erst einmal einen Platz (eine „Stelle", siehe unten) geben für die Verwendung der Arbeitskraft; die Ursachen für fehlende Arbeitsplätze sind eines der großen gesellschaftlichen Streitthemen.

Fasst man die tragende soziale Beziehung auf der Leistungsseite der Arbeit als ein solches Mietverhältnis, lassen sich bekannte Phänomene von hier aus reformulieren.[1] Zu welchen Konditionen das Eigentum vermietet und in welchem Zustand

---

[1] Um die sprachliche Verwirrung nicht zu groß werden zu lassen, werden dabei im Weiteren die gewohnten Bezeichnungen Unternehmer (Mieter) und Arbeitnehmer (Vermieter) beibehalten sowie durchgängig die maskulinen Bezeichnungen benutzt.

es an den Vermieter zurückgegeben wird, sind die beiden sich aufdrängenden Fragen jedes Mietverhältnisses. Sie müssen auch zwischen Unternehmern und Arbeitnehmern geklärt werden. Eine Gewerkschaft ist, auf ihre Operationslogik reduziert, so etwas wie ein Vermieterverband, der die Mietbedingungen zugunsten der Arbeitnehmer beeinflussen will. Welche unterschiedlichen Vermieterverbände sich gründen und wie viele Vermieter ihnen beitreten, sind offene Fragen. Das gewerkschaftliche Kerngeschäft ist als Tarifpolitik bekannt. Alles zu akzeptablen Konditionen vermietet zu haben, ist vorrangiges Ziel eines Vermieterverbandes; wurde es erreicht, sagt man in der Arbeitswelt, es herrsche Vollbeschäftigung. Ein Recht auf Arbeit wäre ein verbriefter Anspruch, einen Unternehmer (oder sonstigen „Arbeitgeber") als zahlenden Mieter zu haben. Arbeitslosigkeit bedeutet, keinen Mieter der Arbeitskraft gefunden zu haben; gängige Vorwürfe lauten dann, nicht ernsthaft gesucht oder einen zu hohen Mietpreis verlangt zu haben.

Wie brüchig und konfliktgeladen die Arbeitsgesellschaft und wie unrealistisch das Hauptziel Vollbeschäftigung ist, verdeutlicht ein Perspektivwechsel, ein Blick auf die Unternehmer oder, wie oft sehr verkürzt gesagt wird, „die Wirtschaft". Was immer ihr Interesse sein mag, Arbeitskräfte zu mieten und Arbeitsentgelt als dafür fällige Miete zu entrichten – das Beschäftigungsmotiv kann es nicht sein. Welchen Sinn sollte es für Unternehmer haben, Arbeitskräfte zu mieten und zu bezahlen, die sie nicht brauchen? Nicht einmal Gewerkschaften selbst mieten Arbeitskräfte, nur um deren Eigentümern zu einem Einkommen zu verhelfen. Es mietet ja auch niemand ein Auto, ein Hotelzimmer oder ein Abendkleid, das nicht benötigt wird oder nicht finanzierbar ist.

Das zutreffende Argument der Arbeitnehmer lautet nun, die Arbeitskraft sei keine Ware wie jede andere, schließlich seien die Arbeitsentgelte die materielle Basis ihrer sozialen, oft auch natürlichen Existenz.[2] Daraus resultiere eine gesellschaftliche Verantwortung der Unternehmer (der Wirtschaft), Arbeitskräfte nicht unvermietet, also unbezahlt zu lassen. Das kann so gesehen und so gesagt werden, nur die Realitäten sind andere. Welche faktische Grundlage jenseits moralischer Mahnungen hat eine solche gesellschaftliche Verantwortung, wenn die Freiheit

---

[2] „Beschäftigungsprogramme" aufzulegen, wird zu einer typischen Forderung an den Staat. Maschinen, die menschliche Arbeitskräfte ersetzen, werden zu einer sozialen Bedrohung. Die „Maschinenstürmer" waren ein Protestbewegung der Frühindustrialisierung. Im 19. Jahrhundert haben britische Ingenieure indischen Bauarbeitern Schubkarren zur Verfügung gestellt. „Die Inder waren gewohnt, schwere Lasten in Körben auf dem Kopf zu tragen, und daran wollten sie nichts ändern. Einem Bericht zufolge sollen Arbeiter sogar Karren auf den Kopf genommen haben, statt sie zu schieben. Vermutlich wollten die Inder mit dem Widerstand gegen die Hilfsmittel die Arbeit auf viele verteilen, so dass mehr Menschen, zumal Frauen und Kinder, einen Arbeitsplatz bekamen." (Landes 2009, S. 246).

der Arbeit Priorität haben soll? Sie kann wie im real nicht mehr existierenden Sozialismus vom Staat eingefordert und durchgesetzt werden, aber dann werden sowohl Mietern wie Vermietern Entscheidungsfreiheiten entzogen.

Tatsächlich herausgebildet hat sich – von Land zu Land in unterschiedlichen Ausmaßen – zum einen eine staatliche und/oder private Arbeitskräftevermittlung mit umfänglichen Förderprogrammen. Arbeitskräfte in die Lage zu versetzen, auf dem sogenannten Arbeitsmarkt Erfolg zu haben und einen Mieter zu finden, kann ziemlich viele Arbeitsleistungen erforderlich machen. Entstanden ist zum anderen ein mehr oder weniger ausgebauter Sozialstaat, dessen Auf-, Um- und Abbau eine der nachhaltigen politischen Konfliktlinien bildet.

Je nach Entwicklungsstadium der gesellschaftlichen Arbeit kann die Arbeitsleistung sehr voraussetzungsvoll sein, was die finanziellen Investitionen, das technische Know How und die Qualifikationen der Arbeitskräfte betrifft. Steuerung und Durchführung können wie im Fall der Solo-Selbständigkeit zusammenfallen, aber typisch für moderne Arbeit ist das Auseinanderfallen von Führung und Ausführung entlang einer Eigentumsgrenze. Die Steuerung liegt in der Hand des „Eigentums an Produktionsmitteln". Sie kann geteilt und partiell an Arbeitskräfte übertragen werden, die dann Führungskräfte heißen; dabei handelt es sich nach wie vor bevorzugt um Männer.

Eigentumsrechte und Steuerungsfunktion geben Unternehmern die Dispositionsmöglichkeit über die Zwecke und die Organisation der Arbeitsleistung. An den Zwecken wiederum entscheidet sich die Rationalität der Mittel. Nicht die Eigentümer der Arbeitskraft, sondern die Unternehmer entscheiden über Investitionen und über Stellen, für die Arbeitskräfte angemietet werden. Die sogenannte Stelle bildet eine Art Steuerungsmedium der Organisation (Luhmann 2000, S. 228–237). Sie definiert, wer was zu leisten und zu sagen hat. Wie sehr Arbeitnehmer von unternehmerischen Entscheidungen abhängen, wird an der Quantität und Qualität von Stellen in besonderer Weise sichtbar; die Vermieter der Arbeitskraft müssen sich daran orientieren. Um freier Stellen willen lösen sie sich sogar aus sozialen Bindungen und werden zu Arbeitsmigranten.

Den Unternehmern gehören zudem die Erzeugnisse der Arbeitsleistung und damit auch die Einnahmen, die aus deren Verkauf fließen. Wie viel ein Unternehmen – neben Steuerzahlungen und Gewinnentnahmen – davon einsetzt, um Arbeitsentgelte zu bezahlen, wird verhandelt oder auch in Arbeitskämpfen ausgefochten. Viele Konflikte, welche die moderne Geschichte der Arbeit prägen, nämlich alle, die landläufig unter Tarifpolitik fallen und sich um Verteilungs-, Arbeitszeit- und Mitbestimmungsfragen, um Gesundheits- und Kündigungsschutz drehen, resultieren aus dieser auf ein Mietverhältnis gegründeten Organisation der Arbeitsleistung.

Aus dieser Konstellation entspringt auch das politische Einflusspotential großer Unternehmen, die sehr viele Arbeitskräfte angemietet haben und so deren materielle Existenzgrundlage garantieren. Es macht Schlagzeilen, wenn das größte lokale oder regionale Unternehmen seine Wettbewerbsfähigkeit bedroht sieht und Massenentlassungen ankündigt. Sehr schnell wird in nationalen Regierungszentralen eine „Chefsache" daraus, sobald ein „systemrelevanter" Großkonzern ins Wanken gerät. Wirtschaftskrisen werden gleichsam automatisch zu politischen Bewährungsproben, in welchen Unternehmen um des Erhalts der Arbeitsplätze willen Zuwendungen erhalten vom Staat ebenso wie Zugeständnisse von Arbeitnehmern. Das alles sind tausendfach aufgetretene und auch öffentlich berichtete Fälle.

Auf welche Weise sich Unternehmen die notwendigen „Produktionsmittel" auch angeeignet haben, hinreichendes Vermögen, und sei es geliehen, ist eine Voraussetzung. Welcher Umgang mit Vermögen ist zu erwarten, wenn darüber frei verfügt werden kann und Freiheit im Sinne von Unabhängigkeit, Selbstbestimmung und Selbstverantwortung aufgefasst wird? Ausgeschlossen ist von Vergeuden bis Verschenken nichts, aber näher liegt, Vermögen so zu verwenden, dass es nicht verloren geht, sondern sich am besten sogar vermehrt.

Historisch hat sich im liberal-maskulinen Freiheitsverständnis die Auffassung durchgesetzt, dass es empfehlenswert, im Grunde das einzig Vernünftige sei, aus Reichtum größeren Reichtum zu machen. Vermögen, eigenes oder geliehenes, das zum Zweck seiner Vermehrung eingesetzt wird, firmiert unter dem Namen Kapital. Um es zu wiederholen, der Zweck entscheidet über die Mittel: Kapital sucht inzwischen den gesamten Erdball auf günstige Gelegenheiten hin ab, sich zu vermehren, und knüpft dafür den Planeten umspannende „Wertschöpfungsketten" mit möglichst wenig Rücksicht darauf, wer und was dabei erschöpft auf der Strecke bleibt. Deshalb formuliert Stephan Lessenich (2020): „Man kann die globalen Zusammenhänge kaum überzeichnen: Die demokratischen Nationen des euroatlantischen Raums sind als kapitalistische Beutegemeinschaften verfasst. Ihre wirtschaftliche Produktivität beruht auf einer sozial-ökologischen Destruktivität, die seit Jahrzehnten, wenn nicht Jahrhunderten, zuallererst der Rest der Welt zu spüren bekommt."

Auffallen müssen Differenzen zwischen Narrationen und Realitäten, die sich in Sachen Kapital etabliert haben. Die prinzipielle Notwendigkeit zu investieren und die spezifische Möglichkeit, Investitionen als Kapital, also mit einem Vermehrungsweck, zu tätigen, werden gleichgesetzt. In derselben Weise wird, siehe 3.1, der „freie Markt" gleichgesetzt mit der prinzipiellen Möglichkeit, Tauschbeziehungen zu etablieren, obwohl sich diese auch politisch anders regeln lassen. Manche politisch linken Akteure fallen auf solche Gleichsetzungen herein und wollen das Kapital und den Markt abschaffen, also ob Investieren und Tauschen nicht sinnvoll wären.

Die vorherrschend-bejahende Erzählung präsentiert Investitionen in den Leistungsprozess der Arbeit, durchaus auch zutreffend, als Arbeitsplätze schaffende und auf bessere Lebensbedingungen zielende Maßnahmen. Aber wer *nur* das erzählt, verbirgt die Eigenschaft von Kapital, bekanntlich ein scheues Reh, Investitionen nur dann zu tätigen, wenn sich Vermögenszuwächse erwarten lassen. Das heißt, realiter sind Arbeitsplätze und verbesserte Lebensbedingungen nur Mittel – die dann nicht eingesetzt werden, wenn der eigentliche Zweck, mehr Geld zu machen, nicht erreichbar scheint.

Zum anderen verdeckt die große öffentliche und politische, aber auch wissenschaftliche Aufmerksamkeit für Kapital und dessen Renditen, dass auch in Ländern mit einer weitgehend kapitalistischen Wirtschaft weite Teile der gesellschaftlichen Arbeit nicht der Logik der Geldakkumulation folgen. Das betrifft nicht nur staatlich oder gemeinnützig organisierte Arbeitsleistungen. Auch die meisten Solo-Selbständigen sowie viele Klein-, sogar Mittelbetriebe im Produktions- wie im Dienstleistungssektor müssen oder wollen sich darauf beschränken, einen durchschnittlichen Lebensstandard zu erreichen und zu erhalten. Ihn zu finanzieren, machen die Konkurrenzverhältnisse zeitweise schwer, nicht selten sogar prekär. Konkurrenzlogik wird zu oft und zu schnell mit Kapitallogik gleich gesetzt.

2.2   Dem Fortschritt zum Opfer fallen: Berufs- und Lebenswege

Die moderne Gesellschaft verspricht den Individuen Unabhängigkeit und Selbstbestimmung; gesprochen wird dabei, wann immer es sich vermeiden lässt, weder über zwangsläufige soziale Abhängigkeiten noch über Notwendigkeiten wechselseitiger Verhaltensabstimmungen. Die Schattenseiten ihrer Art von Freiheit und Gleichheit lagert die Moderne in die Organisationen aus. Unabhängige, selbstbestimmte und selbstverantwortliche Individuen begeben sich in die Abhängigkeiten und Fremdbestimmungen der Organisationen, welche sie unter Einhaltung vereinbarter Kündigungsfristen jederzeit wieder verlassen können. Ob Buchclub oder Sportverein, Partei oder Kirche, weder Mitglied zu werden noch zu bleiben, ist jemand gezwungen. Die schlechte Abstraktheit des modernen Freiheitsverständnisses zeigt sich gerade auch daran, dass es keinen Unterschied macht zwischen den Organisationen persönlicher Interessen, politisch-demokratischen Engagements und der gesellschaftlichen Arbeit. Der liberal-maskulinen Freiheit ist es im

Grunde gleichgültig, ob es um Privatvergnügen, politische Verantwortung oder die soziale Existenz der Individuen geht.

Dass die Arbeit (im liberal-maskulinen Sinn) frei ist, macht die Einzelnen selbstverantwortlich dafür, ihre soziale Existenz zu sichern. Die Selbstverantwortung reicht über den Arbeitszusammenhang hinaus, sie betrifft den Lebensweg insgesamt und drückt sich im Begriff der Karriere aus. Ob Karrieren glücken oder scheitern, entscheidet sich allerdings in hohem Maße in Arbeitsorganisationen. Unter den acht Beispielen, welche das Onlineportal „Karrierebibel" (2020) für Lebenskrisen anführt, fallen vier in den Kontext Arbeit: „Ihnen wurde gekündigt", „Sie haben sich extrem verschuldet", „Sie stellen den Sinn Ihrer Arbeit in frage", „Sie erleben Mobbing am Arbeitsplatz".

Unter Karrieregesichtspunkten muss jede Gegenwart daraufhin beobachtet werden, ob sie in Zukunft als eine Vergangenheit bewertet werden wird, welche für renommierte und gut bezahlte Arbeitsleistungen qualifiziert, die erwünschte Konsummöglichkeiten eröffnen (vgl. Luhmann 1979, S. 277–282). Die Entscheidungen, welche Qualifikationen eine Person erwirbt und mit welcher Organisation sie ein Mietverhältnis für ihre Arbeitskraft abschließt, haben in der Regel direkte Auswirkungen auf die Karriere. Diese Entscheidungen sind, andernfalls brauchte nicht entschieden zu werden, riskant. Sie können sich auf Wahrscheinlichkeiten berufen, aber Ungewissheiten vor und Zweifel nach den Entscheidungen sind ständige Karrierebegleiter.

Claus Offe hat angemerkt, dass „nach wie vor die meisten Menschen in Gesellschaften unseres Typus sich die anhängige und unabhängige Erwerbsarbeit als strukturierendes Gerüst ihrer Lebensführung vorstellen und wünschen" (Offe 2000, S. 498). Das kann nicht verwundern in Anbetracht der Reichweite der Auswirkungen, welche die Arbeitsleistung für jede Einzelperson mit sich bringt. Für abhängige wie für unabhängige Erwerbsarbeit beginnt es mit der Herausforderung, sich Qualifikationen anzueignen, welche – unter Konkurrenzbedingungen – zu einer Arbeitstätigkeit befähigen, die entweder die Chance eröffnet, die Arbeitskraft zu vermieten oder „aus eigener Kraft" ein Erzeugnis anzubieten, das eine kontinuierliche zahlungsfähige Nachfrage findet.

Diese Qualifikationen, die sich im Lebenslauf erneuern und erweitern lassen, Stichwort „lebenslanges Lernen", bekommen im Kinder- und Jugendalter eine allgemeine Grundlage, die zur Teilnahme sowohl am gesellschaftlichen Leben insgesamt, als auch am Arbeitsleben befähigen soll. Die beiden Perspektiven Lebensweg und Berufsweg sind nicht nur eng miteinander verwoben, die gesellschaftliche Erwartung tendiert auch dahin, ersteren an letzterem auszurichten. Die Erwartung an Frauen war bis vor kurzem, ihren Lebensweg dem Berufsweg ihres Partners unterzuordnen.

Die beruflichen Vorentscheidungen müssen in einer Gegenwart getroffen werden, die über allgemeine wirtschaftliche Entwicklungen, die Zukunft einzelner Branchen, Aufstiege und Fehlschläge bestimmter Organisationen nur spekulieren kann. Das heißt, es handelt sich um Weichen stellende Entscheidungen unter großer Unsicherheit. Die Erzählung, mit der sich die Gesellschaft an alle wendet, stellt das Ansinnen in den Mittelpunkt, einen Karriereweg anzustreben, der nach oben führt. Auf reale Aussichtslosigkeit reagiert der narrative Mainstream mit der Botschaft „Fordern und Fördern": Die einzelnen sehen sich aufgefordert, sich eine bessere Zukunft zu „erarbeiten".

Wiederholtes Scheitern zehrt am Selbstwertgefühl, wie widrig die Umstände auch gewesen sein mögen. Niedergeschlagenheit und Looser-Gefühle kommen vor allem dadurch auf, dass sich die eigene Niederlage im sozialen Umfeld von Siegesfeiern ereignet. An der Arbeitsleistung tritt markant hervor, was für jede Handlung zutrifft, der die Differenz zwischen Ist- und Soll-Zustand, zwischen Status quo und dem zu erreichenden Ziel wichtig ist: Sie wird anhand des Unterschieds zwischen Erfolg und Misserfolg beobachtet und erzählt.[3] Je vorbehaltloser die Verantwortung für ihr Handeln den Akteuren selbst zugeschrieben wird, desto größer lassen sich Erfolge feiern, desto stärker ist der Erklärungsdruck für Misserfolge.

Dem Rechtfertigungsbedarf entgeht, wer Misserfolg verbirgt; eine Erfolge ausstrahlende Vorderbühne parat zu halten, fällt unter gängige Praktiken von Personen wie Organisationen. Häufige Alltagserzählungen unserer Gesellschaft sind sowohl Erfolgsstories als auch Klagen über Schwierigkeiten, die Erfolge verhindert haben. Solche Kommunikationen sind nicht deshalb so verbreitet, weil „die Menschen" notorische Aufschneider oder laufend am Lamentieren wären, sondern weil die sozialen Strukturen der Moderne solche Sprechweisen nahelegen, manchmal geradezu abverlangen. So sind beispielsweise die rekursiven Mechanismen gut bekannt, dass Erfolge weitere Erfolge erleichtern, während offensichtliches Scheitern die Wahrscheinlichkeit der nächsten Niederlage erhöht. Von daher ist es rational, sich auch und gerade im Scheitern, solange es sich verheimlichen lässt, als erfolgreich zu präsentieren.

Zieht man den Beobachtungshorizont für das Krisenpotential auf der Leistungsseite der Arbeit enger, treten die Personen *in der Organisation* und die Organisationen *in der Gesellschaft* in den Vordergrund. Die organisierten Binnenverhältnisse mit ihrem Beziehungsgeflecht aus Hierarchie und Konkurrenz weisen für die Personen ein hohes Krisenpotential auf, das sich unter anderem

---

[3] Zum hier nicht diskutierten Unterschied zwischen Erfolg und Gelingen siehe: Zech und Dehn (2017).

im Mobbing und im Burn out zeigt. Die Hierarchie soll sicherstellen, dass die Personen nicht gegen die Organisation handeln, „sondern sich für die Zwecke der Organisation einspannen lassen" (Baecker 1999, S. 213). Aber innerhalb der hierarchischen Machtverhältnisse entfalten sich zugleich Konkurrenzen um Stellen und damit verbundene materielle und immaterielle Vorteile. Die Organisationen müssen nämlich selbst die Stellen schaffen, deren Über- und Unterordnung regeln und die personelle Besetzung entscheiden. Kompetenz- und Machtfragen laufen ständig Gefahr, in Konflikt miteinander zu geraten, tatsächliche und gefühlte Privilegierungen und Benachteiligungen werden zu Dauerthemen der informellen Kommunikation.

Die Hierarchie mit innerer Distanz und einer gewissen Gleichgültigkeit hinzunehmen und die Konkurrenz mit vollem Einsatz aufzunehmen, sind zwei typische Tendenzen, die sich krisenhaft zuspitzen können. Für einen Teil der Beschäftigten gilt, dass sie sich als Personen innerhalb der sogenannten Indifferenz-Zone (Barnard 1938) damit abfinden, was ihrer Arbeitskraft abverlangt und zugemutet wird. „Der Zynismus ist die Form der Rede und die innere Kündigung ist die Form des Handelns" (Baecker 2020), wenn die Zumutbarkeit an Schmerzgrenzen stößt. Andere identifizieren sich vollständig mit ihrer Aufgabe oder ringen um Aufstiegschancen und gegen Abstiegsrisiken – nicht selten mit mehr Einsatz, als es für ihre Gesundheit zuträglich ist bis hin zum Burnout (Neckel und Wagner 2013). Zugleich sind die Voraussetzungen dafür grundgelegt, dass Mobbing – ein Phänomen der informellen Organisationskommunikation – sich breit macht, Ausgrenzungen und Demütigungen vorkommen, die es Einzelnen erschweren, eventuell sogar unmöglich machen können, das bisherige Arbeitsverhältnis aufrecht zu erhalten.

Eine Bestandsgarantie hat keine Organisation. Kulturelle, politische und soziale Organisationen sterben vielleicht nur stiller als Wirtschaftsorganisationen, die Existenzgefährdung ist im Wirtschaftssystem gleichwohl besonders groß, wie die Statistik der Insolvenzen ausweist, für die es nicht nur in Deutschland sogar ein eigenes Gesetz gibt.[4] Wenn hohe Gewinnerwartungen der Privateigentümer und starke Branchenkonkurrenzen zusammentreffen und wenn dann noch Unternehmen im Finanzsystem zum Handels- und Wettobjekt werden (Wimmer 2004, S. 9–46; Schulmeister 1998), steigt das Risiko, dass die Bedrohlichkeiten der Außenbeziehungen das Krisenpotential der Binnenverhältnisse verschärfen. Kommen noch gefährliche Rahmenbedingungen dazu wie im Fall der Corona-Pandemie, sind Schlagzeilen wie „Einzelhandel im Weihnachtsgeschäft: Jetzt geht

---

[4]Siehe Bundesgesetzblatt 2019; zu Unternehmensinsolvenzen in Europa und den USA siehe z. B. Creditreform 2018.

es um Leben und Tod" (Manager-Magazin 2020) keine journalistischen Übertreibungen mehr. Der Weg in ihr Verschwinden führt für fast jede Organisation durch eine Krise, in der die Ausweglosigkeit zur Realität wird. Bevor das Aus endgültig wird, suchen die Personen in der Organisation unter Krisendruck nach Lösungen und nach Schuldigen.

Die moderne Erzählung will, dass Organisationen „dem Fortschritt zum Opfer fallen". Ihr Scheitern wird generell damit begründet, dass andere Organisationen bessere, produktivere Arbeitsleistungen erbringen und bessere, billigere, attraktivere Gebrauchsmöglichkeiten anbieten. Das Resultat der Konkurrenzkämpfe zwischen den Organisationen wird, mit welchen Mitteln sie auch immer geführt wurden, durch diese tendenziell darwinistische Erzählung legitimiert: Die Unterlegenen erscheinen als die Schlechteren, die Sieger als die Besseren; tatsächliche Nachteile der einen und faktische Vorteile der anderen vermögen diese Sichtweise zu relativieren, aber nicht zu entkräften. Ausgetragen werden die Konkurrenzkämpfe auf Märkten, auf Waren-, Geld- und Arbeitskräftemärkten.

Die Realstrukturen der Leistungsprozesse moderner Arbeit weisen für Organisationen wie Personen eine so hohe Krisenanfälligkeit auf, dass sich soziale Sicherheiten und entspannte Lebenslagen kaum etablieren können. Jahrzehntelange Anpassung und Gewöhnung sowie sozialstaatlich verbürgte und zivilgesellschaftlich ergriffene Schutzmaßnahmen sorgen zwar für eine gewisse Stabilität. Aber allgegenwärtige Risiken, Bedrohungen und Konflikte entwickeln sich zu immer neuen Krisensituationen.

Wunder- und Zerstörungswerk Markt

3

> *„Nur das Währungsproblem hat mehr Menschen um den Verstand gebracht als die Liebe."* (Samuelson und Nordhaus 1987)

Die Arbeitskomponenten Bedarf, Leistung und Gebrauch können ein hochentwickeltes Eigenleben führen. Aber auch wenn der Bedarf die notdürftige Befriedigung von Grundbedürfnissen ebenso wie ein Luxusleben zu umfassen vermag, auch wenn die Leistung sich vom Faustkeil bis zur Künstlichen Intelligenz aufrüsten mag, auch wenn der Gebrauch vom sparsam-schonenden Umgang bis zum hemmungslosen Konsum mit riesigen Müllhalden reichen kann, letztlich müssen die drei Komponenten sich in wechselseitiger Anpassung zusammenfügen. In diese Komposition muss sich auch die Transaktion einfügen, die zum Gebrauch der Erzeugnisse führt und vom Raub bis zum Geschenk verschiedenartige Formen annehmen kann.

In der Transaktion verdichtet sich die Einheit der Arbeit: Die Arbeitsleistung ist mit ihrem Erzeugnis präsent, mit der Übergabe eröffnet sich die Gebrauchsmöglichkeit, die den Bedarf befriedigt. In der Transaktion spiegelt sich der Arbeitsprozess in seiner jeweiligen historischen Form. Die Transaktionsweise, die der liberal-maskulinen Form von Freiheit und Gleichheit auf den Leib geschnitten ist, heißt freier Markt. Das soziale Medium, das ihr wie kein anderes entgegenkommt, ist das Geld.

Wenn immer wieder vom Markt als Spiegel der Ökonomie gesprochen wird – „als Markt wird mithin das Wirtschaftssystem selbst zur Umwelt seiner eigenen Aktivitäten" (Luhmann 1994, S. 94) – deutet sich dabei diese Gesamtbild-Perspektive an. Weil sich in der erfolgreichen Transaktion das Gelingen der Arbeit beweist, zeigt sich in der Transaktion auch das Misslingen. Die offenkundigen Krisen moderner Arbeit spielen sich auf den Märkten ab, als Nebenwirkungen, aber auch als aktive Produktionen.

3.1   Nichts schreit lauter nach Mehr als Geld

In seinem Buch „Schulden. Die ersten 5000 Jahre" widerspricht der Ethnologe David Graeber mit einer Fülle historisch-empirischen Materials dem „Mythos vom Tauschhandel". „Der Gründungsmythos unseres Systems der wirtschaftlichen Beziehungen" (Graeber 2012, S. 35) wird so erzählt, dass am Anfang, um die Vorteile der Arbeitsteilung zu nutzen, der Tausch war, zu dessen Erleichterung Geld eingeführt und dieses dann auch als Kredit verliehen wurde. Graeber argumentiert, tatsächlich verhalte es sich genau umgekehrt. Am Anfang stehe eine Verpflichtung, eine Schuld, die mit einem Zahlungsversprechen sozial anerkannt werde, und dieses Zahlungsversprechen könne an Dritte weitergereicht, getauscht werden. Die Praxis, Schulden weiter zu verkaufen, hat sich bis zu einem eigenen Finanzsystem entwickelt.

Was der Unterschied sei „zwischen einer grundsätzlichen Verpflichtung, dem Gefühl, dass wir uns in einer bestimmten Weise verhalten sollten, oder sogar, dass wir jemandem etwas schuldig sind, und *Schulden* im eigentlichen Sinn", fragt Graeber. „Der Unterschied zwischen Schulden und Verpflichtung ist die Möglichkeit, Schulden präzise zu quantifizieren. Dazu ist Geld erforderlich. Geld macht nicht nur Schulden überhaupt möglich; Geld und Schulden tauchen im selben Augenblick auf der Bühne auf." (Graeber 2012, S. 27) Genau das sei Geld: das Versprechen, damit etwas (ab)bezahlen zu können, was man andernfalls hätte schuldig bleiben müssen, auf diese Weise quitt zu werden mit anderen und unbehelligt seines Weges gehen zu können.

Am Tausch, der auf Märkten stattfindet und über Geld läuft, interessieren die Waren und die Preise, nicht die Menschen, es sei denn, sie werden als Sklaven oder als Arbeitskräfte gehandelt. „Von den Akteuren, ihren Eigenarten, ihrer aktuellen Lebenssituation, ihren Motiven und der Beziehungen zwischen Käufer und Verkäufer wird abstrahiert." (Simon 2009, S. 101) Ob es der Wochenmarkt auf dem Rathausplatz, eine internationale Messe oder ein Internetportal ist, es treffen sich Akteure, die sich gleichgültig sind und sollten sie es nicht sein, ist es ihr Glück oder ihr Pech, jedenfalls ihre Privatangelegenheit. Wenn das Preis-Leistungs-Verhältnis zu stimmen scheint, kann die Transaktion stattfinden ohne

Rücksicht auf Vergangenheit und ohne Vorsicht die Zukunft der anderen betref-
fend. Weder die Ursachen des Handelns der anderen noch die Folgen des eigenen
Handelns für andere brauchen eine Rolle zu spielen.[1]

Die Selbstbeschreibungen der modernen Wirtschaft verklären den Tausch zu
einer allgemein-menschlichen Konstante, indem sie ihn mit Geben und Nehmen gleichsetzt. Die Eigenart des Tauschens, auf Gleichwertigkeit zu zielen und
die Akteure „ohne Ansehung der Person" als Gleiche zu unterstellen, die frei
darüber befinden, ob sie der Transaktion zustimmen, wird dabei als eine nicht
weiter zu würdigende Selbstverständlichkeit behandelt. Routiniertes milliardenfa-
ches Gelingen der Tauschaktion lädt dazu ein zu vergessen, wie wahrscheinlich
ihr Misslingen ist: *Nicht* mit diesem Gegenüber, *nicht* jetzt, *nicht* für diese Sache,
nicht für dieses Geld.[2] Ermessen lassen sich die Dimensionen des Misslingens,
wenn man sich vergegenwärtigt, wie selektiv Tauschaktionen sind, gegen wie
viele andere mögliche auf einem Wochenmarkt, auf einer Messe, auf einem
Internetportal entschieden wird, indem diese eine stattfindet.

Geld funktioniert, wenn es funktioniert, zum einen als Maßstab, der Schulden
beziffert, und zum anderen als Versprechen, etwas damit bezahlen zu können.
„Geld ermöglicht es, eine unsichere Zukunft mit Fassung auf sich zukommen
zu lassen." (Luhmann 1991a, S. 395) Damit es funktioniert, muss es, wie jedes
Wirtschaftsgut knapp sein, es darf keine unbegrenzte Zugriffsmöglichkeit darauf
geben. Die Menge zu begrenzen und eine Garantie zu geben, dass das Zahlungsversprechen eingelöst wird, davon hängt das Funktionieren des Geldes ab. Die
Zahl, die die Schuld bemisst, und die Autorität, die die Einhaltung des Verspre-
chens gewährleistet[3] – Nomisma ist ein altgriechisches Wort für ein Geldstück
und sprachlich verwandt mit Nomos, dem Gesetz –, finden sich als Einprägungen
auf den beiden Seiten der Münzen und Scheine.[4]

Die Bindung an Politik ist nicht unabdingbar. Sollte eine andere Instanz in der
Lage sein, Begrenzung und Garantie glaubhaft sicher zu stellen sowie Akteure

---

[1]Gewiss ist niemand gehindert, seine Entscheidungen anders zu treffen, aber strukturell wird
allen nahegelegt, sich als homo oeconomicus zu verhalten, zumal dieses Verhalten als das
natürliche dargestellt wird.

[2]„Geld ermöglicht es, uns so zu sehen, wie die Ökonomen es uns glauben machen wollen:
als eine Ansammlung von Individuen und Staaten, deren Hauptbeschäftigung es ist, Dinge zu
tauschen." (Graeber 2012, S. 51).

[3]„Das Geld zusammen mit der Geldordnung – das ist das System von Regeln zur Organisation
des Geldwesens – heißt Währung." (Eichhorn und Solte 2009, S. 45 f.).

[4]„Wenn Wirtschaftssystem und politisches System unter dem Gesichtspunkt der Zentrali-
sation verglichen werden, dann liegt im Verhältnis von Staat und Banken die Parallele."
(Luhmann 1987a, S. 46).

zu finden, die ihr vertrauen, kann sie theoretisch eine Währung etablieren; auch praktisch, wie nicht nur die digitale Währung Bitcoin (Schlatt et al. 2016) zeigt mit ihrer dezentralen Datenbank Blockchain.

Weil Geld Werte beziffert, lassen sich mit ihm Qualitäten quantifizieren.[5] Wo Achtung und Missachtung, sprich: Moral, war, können jetzt Preise zu Rate gezogen werden. Seine Fähigkeit, „Moral in eine Sache unpersönlicher Arithmetik zu verwandeln – und dabei Dinge zu rechtfertigen, die ansonsten empörend oder obszön erscheinen würden" (Graeber 2012, S. 20), macht das Geld zum idealen Medium einer persönlichen Freiheit, die vor allem anderen an sich denken darf und sich um andere und anderes nicht zu kümmern braucht.[6]

Das Misslingen geldbasierter Tauschbeziehungen und damit einher gehende Wirtschafts- und Finanzkrisen zu verstehen, ist nicht so schwer. Schwierig, um nicht zu sagen aussichtslos ist allerdings der Versuch, Misslingen zu verhindern, sobald sich die Geld-Markt-Strukturen in den Rahmenbedingungen liberaler Freiheitsrechte erst einmal etabliert haben.

#Ausbrechende Panik „Nichts illustriert deutlicher, wie schwer es Menschen fällt, aus der Geschichte zu lernen, als das ständig wiederkehrende Auftreten von Börsenblasen." (Ferguson 2012, S. 111) Solche Deutungen, die alles dem Verhalten zuschreiben, vernachlässigen die Steuerungsmacht der Verhältnisse. In deren Zentrum stehen, wenn es um Geld geht, die Banken. Die Zahlungsversprechen, die im Finanzsystem getauscht werden, haben in Banken ihre institutionellen Anker.

„Banken sind darauf spezialisiert, geliehenes Geld auszuleihen, also ihre Schulden mit Gewinn zu verkaufen." (Baecker 2008, S. 25) Eine Bank versammelt Sparer und Kreditsucher unter ihrem Dach und reicht das Geld ersterer an

---

[5]„Denn sobald Zahlungen erbracht werden müssen", sind Preise nötig, die es ermöglichen, Erwartungen in bezug auf die zu zahlende Summe zu bilden und darüber zu kommunizieren. Die Autopoiesis des Systems wird damit unabhängig von einer Einigung über den ‚wirklichen' Wert' der Güter und Leistungen; und sie wird vor allem unabhängig von Dankbarkeitspflichten (also auch von der Befürchtung des Entstehens von Dankbarkeitsverpflichtungen), die sich daraus ergeben könnten, dass die eine Seite mehr Wert (bzw. nach ihrer Meinung mehr Wert) gibt als die andere." (Luhmann 1994, S. 55).

[6]„Von einer geldlosen Gesellschaftsordnung aus würden künftige Erdbewohner auf unsere Zeit nicht viel anders zurückschauen als wir von heute auf die Sklavenhaltergesellschaften, nämlich auf ein beschämendes Schauspiel einer Wirtschaftsordnung, in der Menschen entwürdigt und zur Arbeit genötigt wurden, Ressourcen in großem Umfang und mit dramatischen ökologischen Folgen verschwendet wurden, und all das für eine technokratisch-ökonomische Ordnung, die es nicht vermeiden konnte oder wollte, dass sich Wenige bereicherten, während weite Teile der Bevölkerung um ihre Existenz bangten." (Heidenreich und Heidenreich 2015, S. 135).

letztere weiter. Strenger genommen handelt es sich nicht um Leihgaben, sondern es geht um Kaufen und Verkaufen. „Auf den Punkt gebracht: Ein (Geld-)Kredit ist ein Leerverkauf von Geld, ein Leerverkauf von gesetzlichem Zahlungsmittel. Der Kreditnehmer, der Schuldner, verkauft Geld, das er nicht hat, und verspricht, dieses Geld zum vereinbarten Termin in der Zukunft (Kreditlaufzeit) zu liefern." (Eichhorn und Solte 2009, S. 46 f.)

Tatsächlich operieren Banken mit einem dreifachen Zahlungsversprechen, denn neben dem Versprechen, das sie den Sparern geben, verkaufen sie nicht nur Geld, das ihnen nicht gehört, sondern auch Geld, das sie selbst erschaffen.

> „Um einem Kunden einen Kredit zu geben, braucht die Bank noch nicht einmal die Spareinlage eines anderen Kunden aus ihrem Tresor zu holen. Sie schafft Geld aus nichts. Allerdings: Die Bank muss im Gegenzug für den Kredit Geld bei der Zentralbank deponieren – die sogenannte Mindestreserve. Sie ist viel kleiner als der Kredit: Lange Zeit betrug sie zwei Prozent des Kreditbetrags, gerade wurde sie auf ein Prozent gesenkt. Eine Bank, die 10.000 Euro Kredit vergeben will, braucht also 100 Euro Mindestreserve." (Seidenbiedel 2012)

Die Labilität von Zahlungsversprechen, die mit drei verschiedenen Leerverkäufen jonglieren, aber zu gegebener Zeit auf Einhaltung drängen können, springt ins Auge.[7] Über dem Arrangement schwebt die mögliche Kettenwirkung einmal gebrochenen Vertrauens als permanentes Risiko, dass die Konstruktion zusammen- und Panik ausbricht.

Damit sich Akteure nicht nur ausnahms-, sondern üblicherweise bereit finden, Leerverkäufe zu riskieren, muss von dem Verkaufsobjekt sehr viel Attraktivität ausgehen. An die Attraktivität des Geldes reicht nichts heran, weil alles, sofern es käuflich ist, gegen Geld getauscht werden kann. Geld ist der Platzhalter für frei wählbare Möglichkeiten. Die in der modernen Gesellschaft offen stehenden, via Bezahlung zugänglichen Möglichkeiten sind so unermesslich, dass Geld in jeder Höhe Sinn zu machen scheint. Und sei es, um Weltraumraketen zu bauen, um Privatflüge ins All zu verkaufen, während auf der Erde täglich 15.000 Kinder unter fünf Jahren wegen schlechter Lebensbedingungen sterben (Zeit online 2017).

Nichts schreit lauter nach Mehr als Geld. Deshalb ist nichts attraktiver als die Möglichkeit, aus Geld mehr Geld zu machen, ohne selbst Arbeitsprozesse zu durchlaufen, ohne den Aufwand einer eigenen Arbeitsleistung, ohne das Risiko eines schlechten Verkaufspreises oder sogar einer misslingenden Transaktion. Die

---

[7]„Die Versuchung liegt nahe, zur Sicherung der Konkurrenzfähigkeit die Eigenkapitalbildung auch weiterhin zu vernachlässigen, zumal neue Konkurrenten oft mit geringem Eigenkapital den Markt betreten." (Baecker 2008, S. 149).

Hoffnung auf eine gelingende Spekulation ist so stark, dass auch undurchsichtige Einladungen dazu angenommen werden und wurden.

> Im London des 19. Jahrhunderts lud ein Mann für 100 Pfund pro Aktie ein zur Gründung einer „Gesellschaft zur Durchführung eines überaus nützlichen Unternehmens, das aber noch niemand kennt". Jeder, der eine Anzahlung von zwei Pfund hinterlege (und später die restlichen 98 bezahle), werde künftig einen jährlichen Anspruch auf 100 Pfund pro Aktie haben. „Am nächsten Morgen um 9 Uhr eröffnete dieser prächtige Mann ein Büro in Cornhill. Massen von Menschen belagerten seine Tür, und als er um 15h schloss, waren nicht weniger als 1000 Aktien gezeichnet und die Anzahlung dafür geleistet worden. Er hatte also in sechs Stunden 2000 Pfund verdient. Als philosophische Natur begnügte er sich mit diesem Gewinn, setzte zum Kontinent über und ward nie mehr gesehen." (zit. n. Graeber 2012, S. 366)

Da sich mit der Hoffnung auf mehr Geld Geld machen lässt, wird sie solange geschürt, bis sie zerschellt. Bis es so weit ist, hat es auch Gewinner gegeben – die mit großer öffentlicher Aufmerksamkeit bedacht werden –, sodass man Hoffnung haben kann, beim nächsten Mal nicht unter den Verlierern zu sein. Die Wiederholung ist garantiert (Kindleberger 2001/*1978) – und die Kreativität animiert.

Die Kreativität im Finanzsystem richtet sich darauf, „Geld ‚selbstreferentiell' zu vermehren, also durch Tausch unterschiedlicher ‚Geldarten' (Bankguthaben, Devisen, Aktien, Anleihen, Rohstoffderivate etc.), so wird es Mittel zum Selbstzweck" (Deutscher Bundestag 2020, S. 5) Die Voraussetzungen dafür wurden mit der Freigabe der Wechselkurse und der Abschaffung der Kapitalverkehrskontrollen erst in der zweiten Hälfte des 20. Jahrhunderts politisch geschaffen. Die Folgen sind inzwischen vielfach beschrieben worden: „Im globalisierten Kapitalismus haben sich die Geldströme von den Waren- und Dienstleistungsströmen abgekoppelt. […] Es geht nicht mehr um die technische Bereitstellung von Zahlungsmitteln zur Abwicklung des internationalen Waren- und Dienstleistungshandels. Es geht vielmehr um Finanztransaktionen, also um den Kauf und Verkauf von Wertpapieren aller Art und um den Handel mit Devisen." (Adam 2015, S. 466) Die Zahlen, welche Geldsummen in der börslichen und außerbörslichen Finanzwirtschaft bewegt werden, versucht die Bank für internationalen Zahlungsausgleich (BIS) statistisch zu erfassen. Ob sie den in der Realwirtschaft bewegten Geldwert um das Zehn-, Fünfzig- oder Nochmehrfache übersteigen, kann niemand genau sagen.[8]

---

[8] „Noch in der zweiten Hälfte der 1980er Jahre betrug das Weltsozialprodukt 20 Billionen Dollar, die Summe der Finanzprodukte hingegen nur 3 Billionen Dollar. Heute, nach der Deregulierung der globalen Finanzmärkte, beträgt das Weltsozialprodukt 60 Billionen Dollar.

Was ist geschehen? Eigentlich nur, dass sich die liberal-maskuline Form von Freiheit, die im Gebrauch des Geldes ohnehin angelegt ist, jetzt im Umgang mit Geld voll entfaltet. Selbstbestimmt und unabhängig der Logik des Geldes zu folgen, heißt, es auf eine Weise zu vermehren, die auf nichts und niemanden Rücksicht zu nehmen braucht. Jetzt können Zahlungsversprechen verkauft werden, die verkauften wieder verkauft, die wiederverkauften weiter verkauft, Versicherungen dafür gekauft und weiter verkauft werden[9]. In prinzipiell endlosen Operationen kann das Nichtwissen über die Zukunft zur gegenwärtigen Bereicherung genutzt werden. Die Beteiligten wissen, besser als Nichtbeteiligte, dass ein solches Netz aus Versprechungen irgendwann reißen muss, aber das ist nicht ihr Problem. Für sie kommt es nur darauf an, auf der Gewinnerseite zu sein. „Das globale Finanzsystem ist mittlerweile ein komplexes Kartenhaus von Krediten auf vielen Ebenen, die beim besten Willen nicht mehr zurückgezahlt werden können." (Otte 2008, S. 23).

Die typische Form solcher Finanzoperationen ist die Wette. „Derivate haben kompliziert klingende Namen: Optionen, Futures, Swaps. Dabei sind sie nichts anderes als Wetten." (Häring 2001) Mehr war, wie schon die Namen der Zahlungsversprechen betonen[10], von Zukunft nie die Rede, aber es ist eine Zukunft, an der nichts mehr interessiert außer Preisdifferenzen (von Währungen, Rohstoffen, Börsenindices etc.).

Zukunft verliert ihren klassischen modernen Sinn, zu einer besseren Gegenwart gemacht werden zu sollen. Stattdessen wird ihr Grundmerkmal, ihre Unbekanntheit, ausgeschlachtet und gewettet auf potenziell jede, egal ob positive oder negative Differenz, die sie hervorbringt. An die Stelle eines zukunftsgerichteten Gestaltungswillens tritt ein gegenwartsfixierter Bereicherungswille auf Kosten der Zukunft.

Die Ausrichtung auf Zukunft, die aller Ökonomisierung innewohnt (siehe Abschn. 1.1), verwandelt sich im Finanzsystem von der Vorsorge zur Wette. Eine

---

Doch die virtuelle Wirtschaft wird inzwischen auf 600 Billionen geschätzt. Seit den 1980er Jahren hat sie sich mithin verzweihundertfacht." (Brammer 2014).

[9]„Wenn A dem Schuldner C einen Kredit in Form einer Anleihe gegeben hat, kann er mit B vereinbaren, dass er diesem eine Gebühr dafür bezahlt, dass B einspringt, wenn C in Zahlungsverzug (engl. default) gerät. A und B haben einen Austausch (engl. swap) der Risiken vorgenommen." (Arnoldi 2009, S. 27).

[10]„Der Handel mit Futures und Optionen gilt an der Börse gemeinhin als Königsdisziplin. Denn diese Finanzinstrumente ermöglichen in kürzester Zeit exorbitante Kursgewinne, sind aber gleichzeitig hochriskant. Bei Futures kann der Verlust sogar den Einsatz übersteigen." (boerse.de o. J.).

Wette ist nur zu gewinnen, wenn andere sie verlieren, sie ist ein Nullsummen-Spiel. Finanzkrisen haben deshalb ein Doppelgesicht, das regelmäßig für moralische Empörung sorgt, denn sie brechen aus, weil die einen zu viel gewonnen und die anderen zu viel verloren haben. Die Beteiligten nehmen es billigend in Kauf in der Hoffnung, nicht zu den Verlierern zu gehören. Auch die Gefahren für das Wirtschaftssystem, die von Finanzkrisen ausgehen, sind für Finanzakteure gesellschaftliche Nebenkosten außerhalb ihres Interessenbereichs.

3.2   Brachliegende Leistungen, einstürzende Altbauten

Krisen des Finanzsystems lassen das Transaktionsnetz des Geldes reißen, Krisen des Wirtschaftssystems unterbrechen die Transaktionen von Gütern und Diensten. Da Geld für moderne Arbeitsprozesse eine zentrale Rolle spielt, haben Finanzkrisen grundsätzlich ein Störungspotential für das gesamte Wirtschaftssystem. Aber wirtschaftlich organisierte Arbeit hat auch ihre eigenen Krisenphänomene, vor allem wenn sie kapitalistisch ausgerichtet ist. Sie treten nicht nur als unvermeidliche Nebenfolgen auf, sondern werden um eigener Vorteile willen auch hervorgerufen.

Unübersehbar unterliegt die gesellschaftliche Arbeit der Moderne zyklischen Schwankungen. Wenn man verstanden hat, weshalb, weiß man auch, dass man nicht wissen kann, wie diese Schwankungen verlaufen, wann sie sich zu Krisen steigern.[11] Bedarf, Leistung und Gebrauch bilden die Einheit der Arbeit (siehe Abschn. 1.1). Zu Aufschwüngen und Abschwüngen kommt es, weil die Komponenten der Arbeit zusammenhängen, aber getrennt über sie entschieden wird. Solange der Bedarf nur als Grundbedürfnis vorkommt, als eine natürliche, außerökonomische Größe, gehen von ihm klare Vorgaben aus für Leistung und Gebrauch. Krisen brechen entweder aufgrund eines Leistungsdefizits oder einer Zugangsschranke zu den Erzeugnissen als Versorgungskrisen aus. Diese Klarheit verschwindet, sobald der Bedarf erst im Arbeitsprozess selbst entsteht.

Für moderne Arbeit muss die Entscheidung, was die Leistung erzeugen soll, getroffen werden ohne Gewissheit über den Bedarf und ohne Sicherheit über die Zahlungsbereitschaft und -fähigkeit derjenigen, die Bedarf für sich sehen. (Die vieldiskutierte Frage, welche Wirkungen staatliche Interventionen haben, bleibt hier ausgeklammert, weil sie ja nur eine Reaktion auf die Krisenanfälligkeit

---

[11] „Um es vorweg zu sagen: Eine eindeutige und unumstrittene Erklärung für dieses Phänomen gibt es in der Wirtschaftswissenschaft nicht." (Adam 2015, S. 72).

des Wirtschaftssystems sind) Wo Bedarf, Nachfrage genannt, sichtbar und Zahlungsbereitschaft angenommen wird, werden Leistungen in Gang gesetzt und die Anbieter konkurrieren um die Verkaufschancen. Riskanter, aber inzwischen normal und im Fall des Gelingens auch erfolgsträchtiger, ist der unternehmerische Versuch, einen bislang unbekannten Bedarf bei einer zahlungsfähigen Klientel zu wecken; so entsteht nämlich die temporäre Position eines alleinigen Anbieters.

In den Wirtschaftswissenschaften wird gerne vom Gleichgewicht erzählt, das sich auf dem Markt zwischen Angebot und Nachfrage dank steigender oder fallender Preise herstelle. Zugrunde liegen dem Arbeitsprozess aber spiralförmige Bewegungen, weil der Gebrauch mit der Investition und dem Konsum zwei eigendynamische, aber voneinander abhängige Treiber hat: Mehr verlangt nach mehr, weniger nach weniger, sodass zyklische Bewegungen entstehen: Der Aufschwung trägt und der Abschwung forciert sich selbst. Dabei ist die Stärke der Ausschläge nicht vorhersehbar, weil sie sich aus situationsbedingten, millionenfachen Entscheidungen von Organisationen und Personen ergeben; von Entscheidungen, die nicht zuletzt auf Erwartungen beruhen, wie andere Personen und Organisationen sich entscheiden werden. Wächst sich eine Rezession bis zur Krise aus, bleiben technische Kapazitäten ungenutzt und vormals bezahlte Leistungen von Arbeitskräften werden überflüssig.

Ein Mangel an Konstanten und ein Übermaß an Variablen machen die zyklischen Bewegungsabläufe unberechenbar, was die Wirtschaftswissenschaft nicht abhält, sondern antreibt, sich an dieser Unberechenbarkeit abzuarbeiten und ihr Wahrscheinlichkeiten abzugewinnen. Insbesondere an länger anhaltende Aufschwünge, Stichwort Wirtschaftswunder, knüpfen sich Legenden, als ob beispielsweise einem zigarrerauchenden Bundeskanzler der Nachkriegs-Aufschwung Westdeutschlands zu verdanken sei.[12] Die Soziologie entdeckt bei solcher Gelegenheit den berühmten „Fahrstuhleffekt" (Beck 1986, S. 122). Der entscheidende Punkt ist, dass sich solche Wirtschaftswunder wie auch tiefe Rezessionen und große Depressionen im Nachhinein argumentativ (kontrovers) rekonstruieren, aber nicht gezielt hervorrufen beziehungsweise verhindern lassen. Die moderne Organisation gesellschaftlicher Arbeit macht Wirtschaftskrisen mit Massenarbeitslosigkeit und brachliegenden Leistungsprozessen zu katastrophenähnlichen scheinbaren Naturereignissen.

In den Wirtschaftskonjunkturen lösen sich selbst verstärkende Aufwärts- und Abwärtsbewegungen einander ab. Gleichzeitig vollzieht sich über freie Märkte eine laufende Produktion von Ungleichheiten. Vormals blühende Städte, die zu

---

[12]Zur Kritik daran vgl. zum Beispiel Abelshauser 2011.

Industriebrachen werden und Armenhäusern gleichen, weil Unternehmen abwanderten oder pleite gingen, kennt jede Industrienation. Mit der internationalen Arbeitsteilung und den sich globalisierenden Märkten greift der Mechanismus von Aufwärts- und Abwärtsspiralen auch ein in das Verhältnis zwischen Erdteilen, Nationen und Regionen. Vorteile weiten sich aus zu Vorsprüngen und akkumulieren sich zu Überlegenheit, Nachteile entwickeln sich zu Rückständen und münden in Zurückgebliebenheit.

> „Wie groß ist die Kluft zwischen Arm und Reich, und wie entwickelt sie sich? Ganz grob und in aller Kürze: Der Unterschied zwischen dem Pro-Kopf-Einkommen in der reichsten Industrienation, sagen wir der Schweiz, und der ärmsten nicht-industrialisierten Nation, Mosambik, beläuft sich auf ungefähr 400 zu 1. Vor zwei-hundertfünfzig Jahren betrug das Verhältnis zwischen reichsten und ärmsten Nationen vielleicht 5 zu 1, und der Unterschied zwischen Europa und beispielsweise Ost- oder Südasien (China oder Indien) lag bei etwa 1,5 oder 2 zu 1." (Landes 1999, S. 16)

Das Grundmuster der vorherrschenden affirmativen Erzählung, das wir schon aus den Beziehungen zwischen Organisationen und zwischen Personen kennen, wiederholt sich: Es sind die Tüchtigen, die sich durchsetzen, heißt es, und die Versager, die auf der Strecke bleiben. Ausgeblendet bleiben die strukturellen Mechanismen, die es den einen erleichtern, reicher zu werden, und den anderen auferlegen, arm zu bleiben. „Man produziert in einem armen Land so billig wie möglich. In wohlhabenden Gegenden werden die Waren so teuer wie möglich verkauft. Am Ende deklariert man die Gewinne in Steueroasen und verteilt sie auf Offshore-Kapitalanlagen." (Heidenreich und Heidenreich 2015, S. 47) Das ist die operative Logik, die greift, wenn Geldvermehrung zum handlungsleitenden Zweck des Arbeitens und Wirtschaftens wird.

Auf der und über die Arbeit hat die Moderne Wirtschafts- und Finanzarchitekturen errichtet, die im Geld ihren Dreh- und Angelpunkt haben. In den Teilen der Wirtschaft, die besonders große gesellschaftliche Aufmerksamkeit genießen, gehört die Entscheidungshoheit dem Ziel, aus Geld, und sei es noch so viel, mehr Geld zu machen. In den laufenden Wetten des Finanzsystems geht es um nichts mehr außer um (Preis-)Unterschiede: Zukunft ist bloßes Spekulationsobjekt ohne jede weitere Idee. Krisen mit Abstürzen und Verlusten werden in Kauf genommen in der Hoffnung, dass sie nur andere treffen.

Transformationen – doch die Raupe wird kein Schmetterling

4

Die Moderne ist die Zeit, in der die Menschen, die den Appell zur Veränderung hören, nicht mehr wissen, womit sie beginnen sollen: mit der Welt oder mit sich selbst – oder mit beidem zugleich. (Sloterdijk 2009, S. 506)

Beachtet und beobachtet man – wie es im vorherrschenden Verständnis geschieht – an der Arbeit primär deren Leistungskomponente, werden Veränderungen zuallererst als technische Entwicklungen des Produktionsprozesses wahrgenommen. Sie werden gerne als „Revolutionen" beschrieben von der ersten industriellen bis zur, je nach Zählweise, inzwischen vierten. Betreffen die Veränderungen die Verbreitungsmedien und das Verkehrssystem, ergeben sich auch neue Möglichkeiten für die inzwischen globalen Transaktionsprozesse. Digitalisierung hat eine eigene Qualität, weil der Computer als technisches Werkzeug und als Verbreitungsmedium gleichzeitig funktioniert, sodass gewachsene Strukturen der Arbeit insgesamt zur Disposition stehen: Entgrenzung und Vernetzung ereignen sich gleichzeitig, Sinn und Sozialität der Arbeit bekommen mehr Aufmerksamkeit.

Welche Realitäten in den neuen Möglichkeitsräumen geschaffen und welche Optionen verworfen oder gar nicht erwogen werden, darum drehen sich die Auseinandersetzungen um die Arbeit der Zukunft, die gegenwärtig ausgetragen und mit einem neuen Vokabular kommuniziert werden. Werden nur andere Namen für alte Verhältnisse gewählt oder fallen auch Entscheidungen für andere Strukturen?

4.1   Neue Technik kommt, Krisen bleiben

Die Moderne erlebt Krisen als normal, aber nicht als ihren Normalzustand, sondern als dessen Störung. Auch laufende Veränderungen der gesellschaftlichen Arbeit gelten als normal – aber vieles wiederholt sich, bleibt Routine, wird gemacht, wie es seit langem gemacht wurde; ohne einen Basisbestand an zuverlässig Erwartbarem ist kein Alltag zu bewältigen. Erst Krisen und Normalzustände, Innovationen und Routinen zusammengenommen, beginnt das Begreifen (vgl. Baecker 1999, S. 14–20).

Geordnete, relativ stabile Rahmenbedingungen moderner Arbeit mit ungebrochener Hierarchie in den Unternehmen, heroischer Allzuständigkeit und Allwissenheit der Spitze, regulierten Arbeitsverhältnissen, Kompromissen in Verteilungsfragen, geregelten Freizeiten, begrenzten Ladenöffnungszeiten, gesicherten Sozialleistungen, florierenden Warenmärkten und kontrollierten Geldmärkten waren immer Inseln. Aber es hat sie temporär gegeben, wurden zum Beispiel „rheinischer Kapitalismus" (Hoffmann 2008) oder „soziale Marktwirtschaft" genannt, bis sich die moderne Arbeit im Rahmen einer Deregulierungsoffensive globalisierte und digitalisierte.

Erzählt wird die Geschichte anders, nämlich so als ob Globalisierung und Digitalisierung über die Arbeit hereingebrochen seien. Tatsächlich kommen sie *aus* der Arbeit über die Arbeit, freilich seltener aus primär wirtschaftlich ausgerichteten Arbeitsleistungen, sondern aus wissenschaftlichen, häufig militärisch organisierten Arbeitsprozessen, deren Ergebnisse sich die Wirtschaft aneignet. Den Organisationen und Personen legt die öffentlich erzählte Geschichte Anpassung nahe (Arlt et al. 2017, S. 9, 58–61) nach der Devise: Wir können uns dem nicht entziehen. Ökonomisch erfolgreich adaptierte Technik wird zu einem nicht ignorierbaren Faktor der Konkurrenzbeziehungen, der sich den Akteuren dann tatsächlich von außen aufdrängt.

Arbeit in globalisierten und digitalisierten Leistungs- und Transaktionsprozessen eröffnet für alle Akteure neue Möglichkeiten. Welche ergriffen werden, entscheiden Inhaber von Steuerungsfunktionen, nicht Personen, die zugewiesene Aufgaben erfüllen. Die Führenden wählen aus, nicht die Ausführenden. Vollzogen hat sich jedenfalls ein (Mitte der 1970er Jahren einsetzender) Deregulierungsprozess, der in den politischen Sprachgebrauch unter dem Namen Neoliberalismus eingegangen ist. Erzählt wurde, die alten Regeln seien fortschrittsschädliche Schranken, die sozialstaatlichen Sicherheiten modernisierungs- und leistungsfeindlich ausgepolstert, Gewerkschaften mit zu viel Macht ausgestattet. Privatisierung, Flexibilisierung, Union Busting waren Begleiterscheinungen,

Margret Thatcher (1979–1990 Premierministerin) und Ronald Reagan (1981–1989 Präsident) waren das politisch repräsentative Traumpaar der Deregulierung.

Auf fast allen Gebieten werden inzwischen „Weltmeisterschaften" ausgetragen, in Wissenschaft, Kunst und Unterhaltung, im Sport, in der Massenkommunikation, auf Waren-, Finanz- und zunehmend, wie in der Gig-Economy, auch auf Arbeitsmärkten. Nationalökonomie und Nationalstaat spielen nur noch in der zweiten Liga. Finanz- und Wirtschaftsstandorte, Unternehmen und Arbeitnehmer fit zu machen für weltmeisterliche Konkurrenz, dürfte das Anliegen einer anderen politischen Paarung gewesen sein, der Regierungen von Tony Blair (Premierminister 1997–2007) und Gerhard Schröder (Bundeskanzler 1998–2005).

Als Medium und als Werkzeug forciert der Computer Entgrenzungen in allen Hinsichten, auch diese, die darauf hinauslaufen, dass überall und jederzeit Arbeitsleistungen erbracht, Güter und Dienste gekauft werden können. „Sachverhalte, Zeithorizonte und Adressaten, die für die unmittelbare Wahrnehmung weit auseinanderliegen, werden in Lichtgeschwindigkeit verknüpft, rekursiv konditioniert und ebenso kritisch wie reflexiv aufeinander bezogen", analysiert Dirk Baecker (2020a).

Für die Beschreibungen der Phänomene dieser „Zeiten des Change" bildet und verfestigt sich ein Vokabular, das um „Fluidität" kreist (Bartz et al. 2017, S. 17), alles fließt und fliegt. Eine andere Befreiung der Arbeit ist im Gang. „Volatilität" der Märkte, „Agilität" der Organisationen, die Person als „unternehmerisches Selbst" (Bröckling 2007) oder als „Arbeitskraftunternehmer" (Voss und Pongratz 1998) sind immer wieder genannte Stichwörter. Im Jargon der Unternehmensberatung verdichtet sich der Neusprech:

> „Die Digitalisierung ist das Trendthema der heutigen Zeit. Kaum ein Tag vergeht, ohne dass wir hören, wie neue Errungenschaften unser Leben erleichtern und verbessern oder wie ganze Branchen durch disruptive Entwicklungen durcheinandergewirbelt werden. Wollen Unternehmen in Zeiten des Change erfolgreich sein, müssen sie sich anpassen bzw. mit dem Wandel kreativ umgehen können. Diese Erkenntnis führt(e) zu vielen – mehr oder weniger – erfolgreichen firmeninternen Veränderungen. Diese Veränderungen laufen aktuell unter Etiketten wie ‚Agility', ‚Digitale Transformation', ‚Digital Leadership' Internet of Things oder ‚Industrie 4.0'. Daraus entstanden ist auch das Bedürfnis, Agile Leadership bei den Führungskräften zu entwickeln." (Kaspar 2018)

Werden Schranken abgeräumt und Grenzen geöffnet, kann Zweierlei geschehen: Vorhandene Tendenzen weiten sich aus oder/und neue Entwicklungen brechen sich Bahn. Um die Digitalisierung ranken sich viele neue interessante Geschichten, aber die Krisengeschichte moderner Arbeit setzt sich ungebrochen fort. Die

Kommunikation „stürzt sich" auf die vielen Veränderungen, die Krisenmuster existieren einfach weiter.

Die digitale Beschleunigung der Finanztransaktionen und das Kartenhaus aufeinander getürmter Zahlungsversprechen sind im Zuge der globalen Krise des Finanzsystems in vielen Publikationen dargestellt worden. Geändert hat sich, dass inzwischen der Steuerzahler als „risktaker of last resort" fungiert. „Die sogenannte ‚Rettung' half genau jenen Vermögensverwaltern, die sich zu spät aus dem finanziellen Desaster verabschiedet hatten. Was zuerst als einmalige Hilfsaktion gedacht war, ist mittlerweile zum Dauerzustand geworden. Zentralbanken hören mit dem Retten der Vermögen gar nicht mehr auf, und sie können auch nicht mehr aufhören. Deshalb Bubble Rotation plus." (Heidenreich und Heidenreich 2015, S. 48) Blasenbildungen und Panikpotential sind geblieben.

Für die ökonomisierte Arbeit – schon lange wird sie so selbstverständlich „Wirtschaft" genannt, dass die zugrundeliegende Arbeit fast in Vergessenheit gerät – wirkt sich die Digitalisierung auf jede der drei Komponenten aus, also auf Bedarf, Leistung und Gebrauch. Es entsteht neuer *Bedarf,* erstens weil bisherige Erzeugnisse (z. B. Telefone, TV-Geräte, Autos etc.) mit der neuen Technik ausgestattet, zweitens weil vorher noch unbekannte Dienstleistungen und Güter angeboten werden, darunter Computer-Hardware und -software in zunehmenden Variationen.

Die Organisation der *Leistungsprozesse* und die Transaktionsverhältnisse werden in vielen Hinsichten umgestaltet. Forschungen und Darstellungen in nicht mehr zu überblickenden Mengen – über das Verschwinden und Entstehen von Berufen, Produktlinien und Geschäftsmodellen – haben sich diesen Veränderungen schon gewidmet. Die wiederholten Beschreibungen brauchen hier nicht wiederholt zu werden.

Neue *Gebrauch*smöglichkeiten sind entstanden. Zu beobachten ist ein Trend zur Flexibilisierung des Eigentums, der die Zugangsberechtigung anstelle eines Eigentumswechsels vorsieht. Programmatisch beschrieben hat ihn Jeremy Riffkin (2000) in „Access. Das Verschwinden des Eigentums. Warum wir weniger besitzen und mehr ausgeben werden". Historisch hatten zunächst individuell genutzte Massenwaren kollektiven Gebrauch (z. B. von Telefonen, Filmvorführungen, Fortbewegungsmitteln) ergänzt oder ersetzt. Dann hat der Computer die massenhafte Produktion singulärer Güter erleichtert. Zugleich wächst die sogenannte sharing economy, schaffen digitale Plattformen erweiterte Möglichkeiten collaborativer Konsumtion von Wohnungen, Autos, Fahrrädern, Textilien…

Aller digitale Wandel des Bedarfs, der Leistung und des Gebrauchs hat bisher nichts daran geändert: Die krisenanfälligen Grundstrukturen des modernen Wirtschaftssystems sind geblieben. Hinzugekommen sind Polarisierungen der sozialen

Frage, allerdings auf eine paradoxe Weise. Die alte Kluft zwischen Arbeitnehmern auf der einen Seite, Inhabern der materiellen und immateriellen Voraussetzungen von Arbeitsleistungen auf der anderen Seite wächst weiter: Nationale, erst recht globale Zahlen über die Vermögens- und Einkommensverteilung erreichen unvorstellbare Spannweiten (vgl. Jakobs 2016). Diese Kluft verliert aber andererseits an Trennschärfe, weil auf beiden Seiten die guten wie schlechten Risiken ansteigen. Auch unter den Vermögenden greift das asymmetrische Muster von „Winner-take-all- beziehungsweise -the-most-Märkten" (Reckwitz 2018, S. 432), sodass Niederlagen und Verluste dazu gehören. Zugleich differenziert sich die Arbeitnehmerschaft weiter aus, Wohlstand und Notstand herrschen parallel. Abhängige Beschäftigung und Selbstständigkeit schließen sich nicht mehr aus, besonders offensichtlich in der Plattform-Ökonomie. „Geschäftsideen, um sich nebenher selbständig zu machen" werden unter der Bezeichnung „Sidebusiness" (SevDesk 2019) im Internet feilgeboten. Der Status „Vermieter der Arbeitskraft" sagt über Lebenswirklichkeiten immer weniger aus. Großstädte spiegeln die Differenzen auf drastische Weise, wenn modischer Chic und mit Einkaufstaschen behängte Kaufkraft vorbeischlendern an Verwahrlosung und bettelndem Elend.

Die Polarisierungen der Arbeitsverhältnisse haben nicht nur materielle, sondern auch kulturelle Dimensionen. Was einmal als willkommene Pluralität begrüßt wurde, tendiert zu resignativen oder auch konfrontativen Ungleichheiten. Zwischen den beiden Polen abgeschirmten Reichtums[1] und verfestigten Elends beschleunigen sich Aufstiege und Abstürze. Andreas Reckwitz (ebda, S. 433) spricht von einer Krise der Selbstverwirklichung, die „das kulturell dominante Zentrum" trifft.

> „Der Steigerungsimperativ der Selbsttransformation, die Verzichtsaversion, die Erwartung der Anderen einer beständigen Performanz als attraktive Persönlichkeit und die Abhängigkeit von unberechenbaren Bewertungskonjunkturen, schließlich der Mangel an kulturellen Ressourcen, um mit Unverfügbarkeiten, Enttäuschungen und negativen Affekten umzugehen, tragen allesamt zu einer solchen Krise der Kultur der Selbstverwirklichung bei." (ebda, S. 434)

In der gestiegenen Aufmerksamkeit für das Thema Resilienz (Arlt 2016) spiegelt sich die Notwendigkeit, Lebenskrisen psychisch, aber auch physisch vorzubeugen.

---

[1]Der weltweit größte Vermögensverwalter Blackrock verfügt über 4,9 Billionen Dollar heißt es in dem 2016 erschienenen Buch von Hans-Jürgen Jakobs, Ende 2020 nennt Wikipedia die Zahl 7,4 Billionen, also 7.400.000.000.000, das Manager Magazin (2021) spricht im Januar 2021 von dem „Rekordwert von fast 8,7 Billionen Dollar".

Offensichtlicher noch ist das Andauern der planetarischen Krise. Trotz aller Konferenzen und Beschlüsse der Vereinten Nationen, trotz „Erdgipfel" (1992 in Rio de Janeiro), Koyoto Protokoll (1997), Pariser Klimaabkommen (2015) Agenda 2030 für nachhaltige Entwicklung (2015), trotz der forcierten, mit den grünen Parteien unzufriedenen Proteste von *Fridays for Future* und *Extinction Rebellion,* also trotz höchstinstanzlicher politischer Empfehlungen und zivilge-sellschaftlicher Aktionsvielfalt – die Angriffe der gesellschaftlichen Arbeit auf die natürlichen Lebensgrundlagen des Planeten Erde sind nicht gestoppt. Die Dominanz der Logik, Arbeit als Geschäft zu praktizieren, das sich rechnen muss auch und gerade auf Kosten der Natur, ist ungebrochen – auch wenn „Bio" und „Energieeffizienz" groß geschrieben werden, auch wenn mehr Unternehmen ihre Leistungsprozesse in Nachhaltigkeitsberichten präsentieren. Wie unangetastet voll durchökonomisierte Formen der Arbeit sind, zeigt sich auch daran, dass das Vermeiden von Umweltzerstörungen sowie Reparaturen des Beschädigten und Verwüsteten ihrerseits als Geschäfte angeboten werden.[2]

Digitalisierung setzt zwar die Krisenanfälligkeit moderner Arbeitsverhältnisse nicht außer Kraft. Aber indem sie nahelegt, die Arbeitsbeziehungen zugleich zu entgrenzen und stärker zu vernetzen, verändert sie Rahmenbedingungen moderner Freiheiten. Deren Kern, die Selbstbestimmung, wird traditionell konterkariert zum einen von den Zwängen der Organisation zum anderen von ignorierten sozialen Abhängigkeiten, die sich „hinter dem Rücken" der Akteure geltend machen. Wo Beziehungen sowohl zwischen Personen und Organisationen als auch in und zwi-schen Organisationen stärker Netzwerkcharakter annehmen, bekommen Fragen nach dem Sinn und Erfahrungen mit der Sozialität der Arbeit mehr Bedeutung. Der Grund dafür liegt in den Notwendigkeiten, viel häufiger neu zu entscheiden, statt Gewohnheiten zu folgen und Routinen ungeprüft zu vollziehen.

Als mobile Werkzeuge bieten Computer ohne Zweifel für vorher strikt gere-gelte Arbeitsleistungen mehr zeitliche und räumliche Unabhängigkeiten (inklusive besserer Kontrollmöglichkeiten). Über Zeiten, Orte und als Folge auch soziale Kontakte für Leistungen und Transaktionen der Arbeit kann freier disponiert wer-den. Wer Zeiten, Orte und Kontaktpersonen der Arbeitsleistung freier wählen kann, wird auch wählerischer, was die Sache selbst betrifft: Was mache ich hier eigentlich, welchen Sinn hat meine Tätigkeit? Zeitliche, soziale und sachliche Sinndimensionen hängen zu eng zusammen, um der Frage nach dem Sinn der Sache entgehen zu können. „Purpose" avanciert zu einer Zauberformel von „New Work" und fehlt in keiner Beschreibung.

---

[2]Zur Kritik der „grünen Ökonomie" siehe z. B. Unmüßig et al. (2015).

„New Work ist ein Sammelbegriff für alle Prinzipien, Methoden und Denkweisen, die eine moderne und neue Arbeitswelt begründen. Statt formalen Rangordnungen, top-down Vorgaben und statischen Organigrammen setzen Arbeitswelten der Zukunft auf einen neuen Rahmen. Zum Beispiel einen starken Purpose, neue Organisationsprinzipien, viel Eigenverantwortung und ein starkes Fundament aus allgemeingültigen und vor allem transparenten Spielregeln." (Diehl 2020)

Populäre Erzählungen tun so, als würden plötzlich andere Menschen geboren, nämlich eine „Generation Y", der die Frage nach dem Sinn ihres Arbeitens von wem auch immer in die Wiege gelegt wurde. In der vielfach wiederholten Aussage, der Begriff New Work beschreibe „den strukturellen Wandel in unserer Arbeitswelt", gehen Wunschvorstellung, PR-Erzählungen und faktische Veränderungen der Arbeitsverhältnisse schwer durchschaubare Verbindungen ein. Klar ist: Mit New Work wird die Sonnenseite der polarisierten Leistungsverhältnisse dargestellt. Auf der Schattenseite greift Prekarisierung um sich als Konsequenz von Netzwerkstrukturen, die bisherige Verbindlichkeiten wie Festanstellungen und Sozialleistungen auflösen oder gar nicht erst eingehen.

In den digitalen Netzwerkbeziehungen wird endgültig zum Krisenherd, was auch vorher ein ständiges Problem war (Arlt 2017, S. 30–34): Das paradoxe Unterfangen, aus einem so engen Beziehungsgeflecht wie der Arbeit eine individuell zurechenbare Leistung heraus zu stanzen und sie zur Möglichkeit und zum Maßstab der eigenständigen sozialen Existenz von Personen und Familien zu machen (Vobruba 2014).

Ohne unzählige Kooperationen sind die tief arbeitsteiligen, hoch spezialisierten modernen Arbeitsverhältnisse nicht aufrechtzuerhalten, ohne Funknetze, ohne die Netze der Wasser-, Strom-, und Gasversorgung, ohne Verkehrs- und Kanalisationsnetz kein modernes Leben. Aber diese Vernetzungen bilden eine Art Hinterbühne, sie zählen (solange sie nicht privatisiert sind) wie unbezahlte Reproduktionsarbeit zu den unsichtbaren Leistungen, die nur auffallen, wenn sie ausfallen. Auf der Vorderbühne präsentiert sich die Unabhängigkeit (siehe Abschn. 1.2) – bis das Internet dem Bewusstsein für Zusammenarbeit neue Aktualität verleiht und Auftrieb gibt. Unangefochten war der Auftritt der liberal-maskulinen Unabhängigkeit nie, selbst in den „neoliberalen" 1980er Jahren gab es mit dem Kommunitarismus (Bohmann und Rosa 2012) eine Gegenbewegung. Aber mit dem Internet entstehen zwischen Nutzern „neue gemeinschaftliche Formationen", sagt Felix Stalder (2016, S. 131 f.):

„Die Konstitution von Singularität und die von Gemeinschaftlichkeit, in der ein Mensch als Person wahrnehmbar werden kann, erleben die Nutzer als gleichzeitige und reziproke Prozesse. Millionenfach und schon beinahe unbewusst (weil alltäglich) üben sie ein Verhältnis von Einzelnen zu anderen ein, das so gar nicht mehr dem liberalen Gegensatz zwischen Individuum und Gesellschaft, zwischen persönlicher und Gruppenidentität entspricht. Anstatt sich als einander ausschließende Entitäten zu sehen […], setzen die neuen Formationen voraus, dass die Produktion von Differenz und Gemeinsamkeit gleichzeitig geschieht." (ebda., S. 141)

Die Hoffnungen, die auf den „Commons" (Helfrich und Heinrich-Böll-Stiftung 2012) aufbauen, rühren an die Grundpfeiler des liberal-maskulinen Freiheitsverständnisses. Sie setzen zum einen darauf, dass Individualität zunehmend als das begriffen wird, was sie immer war: eine Form von Sozialität; und sie sehen sich zum anderen darin bestätigt, dass sich Eigentum Richtung Zugang entwickelt (Gußmann 2011).

4.2   Polarisiert, heterogen, sozial bewegend

Die Krisen der modernen Arbeit sind die andere Seite der Entwicklungsdynamiken, welche in der Moderne freigesetzt werden. Deshalb kann die zeitgenössische Geschichte der Arbeit auf sehr gegensätzliche Weise erzählt werden. In dem evolutionären Stadium, das mit Globalisierung und Digitalisierung erreicht wurde, haben Krisen und Fortschritte Ausmaße erreicht, die gerade für gründliche Beobachter „Unübersichtlichkeit" (Habermas 1985) zum allgemein gültigen Eindruck machen. Festgehalten werden können drei Tendenzen, die hervortreten: Die Arbeitsverhältnisse polarisieren sich, sie entfalten sich heterogen und sie legen Diagnosen nahe, dass Entwicklungspfade an Abgründe führen, die ohne Abstürze kaum zu überbrücken sein werden. Die Krisenhaftigkeit bekommt Katastrophenpotential.

Die öffentliche Kommunikation konzentriert sich – das liegt auch an ihren Notwendigkeiten, die Aufmerksamkeit ihrer Publika zu wecken – auf die sozialen Polarisierungsbefunde (Stockmann 2011) und auf die ökologischen Endzeitprognosen. Eher unbeachtet bleibt die Heterogenität. Aber schon ein soziographischer Blick auf irgendeine Großstadt in einem der fünf Erdteile vermittelt einen Eindruck von den disparaten Entwicklungen sowohl auf der Leistungs- als auch der Gebrauchsseite der Arbeit. Diskontinuität und Verschiedenartigkeit prägen Lebensläufe und Lebensstile. Traditionslinken Hoffnungen, die soziale Polarisierung führe zu einer neuen Art von Klassenbildung, widersprechen besonders auch Analysen der Arbeit unter digitalen Bedingungen (Altenried et al. 2020). Umso größere Aufmerksamkeit verdienen die sozialen Bewegungen.

Moderne Arbeit hat, wie sich an jeder ihrer Komponenten Bedarf, Leistung und Gebrauch gezeigt hat, gesellschaftliche Auswirkungen, die unterschiedliche soziale Bewegungen mit durchaus verschiedenartigen Reaktionsweisen auslösen. Die ursprüngliche war die Arbeiterbewegung, die eine starke Organisationskraft entwickeln und nachhaltigen Einfluss ausüben konnte. Heute verwaltet sie ihren Bedeutungsverlust, weil sie zwar deklamatorische, aber keine organisatorischen, nicht einmal programmatisch-verbindliche Anschlüsse an die anderen drei großen Bewegungen, die Umwelt-, Frauen- und Migrationsbewegung, sucht. In seinem „terrestrischen Manifest" fragt zum Beispiel Bruno Latour (2018, S. 69 f.):

> „Warum hat die auf die soziale Frage fokussierte Bewegung sich der ökologischen Themen nicht von Anfang an bemächtigt, als seien es ihre ureigenen? Sie hätte sich auf diese Weise ihrem Los, obsolet zu werden, entziehen und dem noch schwachen Ökologismus tatkräftig beispringen können. Aber auch anders herum gefragt: Warum hat es die politische Ökologie nicht verstanden, die soziale Frage zu übernehmen?"

Jede der vier großen sozialen Bewegungen, die gegenwärtig – in höchst unterschiedlicher Weise – auf Folgeerscheinungen der modernen Ordnung der Arbeit reagieren, hat ihre Geschichte, ihr Selbstverständnis und ihre eigenen Möglichkeiten, gesellschaftspolitisch Einfluss zu nehmen, und sei es nur als Protest- oder als Fluchtbewegung. Im Kontext der Analyse von „Arbeit und Krise" lässt sich sagen: Es könnte die Umwelt-, Frauen-, Arbeiter- und Migrationsbewegung voranbringen, jede für sich und alle zusammen, würde nachvollzogen, wie tief sie in der modernen Arbeit verwurzelt sind, wie sehr ihre mobilisierenden Anlässe den Arbeitsverhältnissen entspringen. Daraus könnten sich gemeinsame Problemstellungen, vielleicht sogar Ansätze übergreifender Problemlösungen ergeben.

Schlussbemerkung: Die Krisenhaltigkeit der modernen Ordnung der Arbeit systematisch nachzuzeichnen, lässt ein Bild entstehen, in dem klare Konturen, verschwimmende Entwicklungslinien und unfertig-offene Formen sich zu einer schwer deutbaren Komposition vereinigen. Vieles spricht dafür, sich die Moderne als einen Möglichkeitsraum vorzustellen, den auszugestalten alle eingeladen sind. Es lässt sich jedoch nicht weniger gut dafür argumentieren, dass die Metamorphose der Raupe zum Schmetterling misslingt, weil die Anziehungskraft der vorherrschenden Grundstrukturen so stark ist, dass Alternativen sich zwar entwickeln, aber aufgelöst oder integriert enden. Der forschungsstrategische Ansatz dieses Essentials folgte einer anderen Idee, nämlich sich einem Realismus zu verpflichten, der Offenheit und Geschlossenheit für omnipräsent ansieht und anerkennt, dass über deren gesellschaftshistorisches Verhältnis, also über Transformationsereignisse, nicht Theorien, sondern Praktiken entscheiden.

Was Sie aus diesem *essential* mitnehmen können

- Die moderne Ordnung der Arbeit ist zwar Wohlstandsquelle, aber auch der Krisenherd unserer Gesellschaft
- Die Art der Bewirtschaftung und der Finanzialisierung der Arbeit drohen aus Krisen Katastrophen zu machen
- Überschätzte Unabhängigkeit und uneinlösbare Selbstverantwortung treiben Personen wie Organisationen in Krisenzustände
- Digitalisierung mindert die Krisenanfälligkeit der Gegenwartsgesellschaft in keiner Hinsicht
- Die vorherrschend-affirmativen Erzählungen der aufgeklärten Moderne sind auch nur simplifizierende Geschichten

Literatur

(Auf die Online-Quellen wurde im Zeitraum August 2020 bis Januar 2021 zugegriffen)

Abelshauser, W. (2011). *Deutsche Wirtschaftsgeschichte. Von 1945 bis zur Gegenwart.* München: Beck.

Adam, H. (2015). *Bausteine der Wirtschaft. Eine Einführung.* Wiesbaden: Springer.

Altenried, M., Bojadžijev, M., Wallis, M., & und Eckhardt, D. (2020). Körper, Daten, Arbeitskraft. Ein Gespräch zu Migration und Arbeit unter digitalen Bedingungen. In *Berliner Blätter* 82/2020, S. 43–53. Online https://edoc.huberlin.de/bitstream/handle/18452/22823/Gespr%c3%a4ch%20Wallis%20et%20al.pdf?sequence=1&isAllowed=y.

Arnoldi, J. (2009). *Alles Geld verdampft. Finanzkrise in der Weltrisikogesellschaft.* Berlin: Suhrkamp.

Arlt, H.-J. (2016). Konfliktkompetenz statt Resilienz. Wider die Trivialisierung von Individualität. In Heinrich-Böll-Stiftung (Hrsg.), *Grünbuch soziale Teilhabe in Deutschland* (S. 119–126). Berlin: Heinrich-Böll-Stiftung.

Arlt, H.-J. (2017). *Arbeit und Freiheit. Eine Paradoxie der Moderne.* Wiesbaden: Springer.

Arlt, H.-J. (2020). Mustererkennung in der Coronakrise. Schöpferin und Zerstörerin von Netzwerken. Wiesbaden: Springer.

Arlt, H.-J., Kempe, M., & Osterberg, S. (2017). *Die Zukunft der Arbeit als öffentliches Thema.* Frankfurt a. M.: Otto Brenner Stiftung.

Arlt, H.-J., & Schulz, J. (2019). *Die Entscheidung. Lösungen einer unlösbaren Aufgabe.* Wiesbaden: Springer.

Barnard, C. (1938). *The Functions of the Exekutive.* Cambridge/MA: Harvard University Press.

Baecker, D. (1999). *Organisation als System.* Frankfurt a. M.: Suhrkamp.

Baecker, D. (2008). *Womit handeln Banken? Eine Untersuchung zur Risikoverarbeitung in der Wirtschaft.* Frankfurt a. M.: Suhrkamp.

Baecker, D. (2020). Nach dem Zynismus folgt die innere Kündigung: Dirk Baecker über Unternehmensorganisationen. Online https://soundcloud.com/gsohn/nach-dem-zynismus-folgt-die-innere-kundigung-dirk-baecker-uber-unternehmensorganisationen.

Baecker, Dirk (2020a). Die Digitalisierung der Arbeit. Diskussionspapier. Online https://kilpad.de/wp-content/uploads/2020/06/Baecker_Digitalisierung_der_arbeit_v1.6-1.pdf.

Bahrdt, H.-P. (1983). Arbeit als Inhalt des Lebens. In J. Matthes (Hrsg.), *Krise der Arbeits-gesellschaft?* Verhandlungen des 21. Deutschen Soziologentages in Bamberg 1982 (S. 120–137). Frankfurt a. M.: Campus.

Bartz, M, Gnesda, A., & Schmutzer, T. (2017). Auf dem Weg zum Unternehmen der nächsten Generation. In Dies. (Hrsg.) *Unternehmen der nächsten Generation. Atlas des neuen Arbeitens* (S. 3–31). Berlin: Springer.

Beck, U. (1986). *Risikogesellschaft. Auf dem Weg in eine andere Moderne.* Frankfurt a. M.: Suhrkamp.

Becker, G. (1994). *Human Capital: A Theoretical and Empirical Analysis with Special Reference to Education.* Chicago: University of Chicago Press.

Boerse.de (o. J.) *Was sind Futures und Optionen?* Online https://www.boerse.de/grundlagen/boerseneinfuehrung/Was-sind-Futures-und-Optionen-10.

Bohmann, U., & Rosa, H. (2012). Das Gute und das Rechte. Die kommunitaristischen Demo-kratietheorien. In: O. W. Lembcke, C. Ritzi, & G. S. Schaal (Hrsg.): *Zeitgenössische Demokratietheorie.* 1: Normative Demokratietheorien (S. 127–155). Wiesbaden: Springer.

Brammer, R. (2014). Wie das Finanzsystem zur Ruhe kommen könnte. Online https://www.deutschlandfunkkultur.de/geldpolitik-wie-das-finanzsystem-zur-ruhe-kommen-koennte.976.de.html?dram:article_id=296412.

Bröckling, U. (2007). *Das unternehmerische Selbst. Soziologie einer Subjektivierungsform.* Frankfurt a. M.: Suhrkamp.

Bundesgesetzblatt (2019) Drittes Gesetz zur Entlastung insbesondere der mittelständischen Wirtschaft von Bürokratie. Online https://www.bgbl.de/xaver/bgbl/start.xav?startbk=Bundesanzeiger_BGBl&start=//*[@attr_id=%27bgbl119s1746.pdf%27]#__bgbl__%2F%2F*%5B%40attr_id%3D%27bgbl119s1746.pdf%27%5D__1605109870149.

Bundesministerium des Innern (2014). *Leitfaden Krisenkommunikation.* Online https://www.bmi.bund.de/SharedDocs/downloads/DE/publikationen/themen/bevoelkerungsschutz/leitfaden-krisenkommunikation.pdf?__blob=publicationFile&v=4.

Creditreform (2018). Unternehmensinsolvenzen in Europa. Online https://www.creditreform.at/fileadmin/user_upload/Oesterreich/Downloads/Presse/analyse_EU-2017-18.pdf.

Deutscher Bundestag (2020). Zu den Begriffen Finanz- und Realwirtschaft. Berlin: Wissen-schaftliche Dienste. Online https://sehrgutachten.de/bt/wd5/003-20-zu-den-begriffen-finanz-und-realwirtschaft.txt.

Diehl, A. (2020). *New Work – So sieht die Zukunft der Arbeit aus.* Online https://digitaleneuordnung.de/blog/new-work/.

Drucker, P. F. (2010). Was ist Management? Das Beste aus 50 Jahren. Berlin: Ullstein Econ.

Ehrenberg, A. (2004). *Das erschöpfte Selbst. Depression und Gesellschaft in der Gegenwart.* Frankfurt a. M., New York: Campus.

Eichhorn, W., & Solte, D. (2009). *Das Kartenhaus Weltfinanzsystem. Rückblick – Analyse – Ausblick.* Frankfurt a. M.: Fischer.

Ferguson, N. (2012). Der Aufstieg des Geldes. Die Währung der Geschichte. Bonn: BpB.

Gräber, D. (2012). *Schulden. Die ersten 5000 Jahre.* Bonn: BpB.

Grimstein, J., Skrandies, T., & Urban, U. (Hrsg.) (2015). *Texte zur Theorie der Arbeit.* Stuttgart: Reclam.

Gußmann, E. (2011). *Die digitale Wirklichkeit der Gemeinschaft. Die Auflösung des bürger-lichen Subjekts und seiner Eigentums-Welt.* Berlin: TU Berlin, Bachelorarbeit. Online https://www.academia.edu/6077286/Die_digitale_Wirklichkeit_der_Gemeinschaft_die_

Aufl%C3%B6sung_des_b%C3%BCrgerlichen_Subjekts_und_seiner_Eigentums_Welt? auto=download&email_work_card=download-paper.

Habermann, F. (2016). *ECOMMONY. UmCARE zum Miteinander*. Sulzbach: Ulrike Helmer.

Habermas, J. (1985). *Die Neue Unübersichtlichkeit*. Frankfurt a. M. 1985: Suhrkamp.

Häring, C. (2001). Was ist eigentlich… ein Finanzderivat? Online https://www.brandeins. de/magazine/brand-eins-wirtschaftsmagazin/2001/qualitaet/was-ist-eigentlich-ein-finanz derivat.

Heidenreich, R., & Heidenreich, S. (2015). *Forderungen*. Berlin: Merve.

Helfrich, S., & Heinrich-Böll-Stiftung (2012). *Commons: Für eine neue Politik jenseits von Markt und Staat*. Bielefeld: Transcript.

Hoffmann, J. (2008). *Arbeitsbeziehungen im Rheinischen Kapitalismus. Zwischen Modernisierung und Globalisierung*. Münster: Westfälisches Dampfboot.

Jakobs, H.-J. (2016). *Wem gehört die Welt? Die Machtverhältnisse im globalen Kapitalismus*. München: Knaus.

Karrierebibel (2020). Lebenskrise überwinden: 5 einfache Tipps. Online https://karrierebibel. de/lebenskrise/#5-Krisen,-die-jeder-Mensch-hat.

Kaspar, D. (2018). Digitale Transformation – Leadership Training in Zeiten der Digitalisierung. Online https://www.lead-agile.ch/de/digital-leadership/digitale-transformation/digital-leadership-training-digitalisierung/.

Kindleberger, C. P. (2001/*1978). *Manien, Paniken, Crashs. Die Geschichte der Finanzkrisen dieser Welt*. Kulmbach: Börsenmedien.

Kühl, S. (2011) *Literaturempfehlungen zu einzelnen Organisationstypen*. Online https://www. uni-bielefeld.de/soz/ab3/pdf/wap/Literatur_Organisationstypen_2011-11_final.pdf.

Kurz-Scherf, I. (2016). Arbeit und Freiheit. Freiheit *ist* Arbeit. In B. Grubner, C. Birkle, & A. Henninger, Annette (Hrsg.), *Feminismus und Freiheit. Geschlechterkritische Neuaneignungen eines umkämpften Begriffs* (S. 172–195). Sulzbach/Taunus: Ulrike Helmer Verlag.

Landes, D. (2009). *Wohlstand und Armut der Nationen*. München: Pantheon.

Latour, B. (2018). *Das terrestrische Manifest*. Berlin: Suhrkamp.

Lessenich, (2020). Soziologie – Corona – Kritik. In *Berliner Journal für Soziologie*. Online https://doi.org/10.1007/s11609-020-00417-3.

Luhmann, N. (1984). *Soziale Systeme*. Frankfurt a. M.: Suhrkamp.

Luhmann, N. (1987). *Rechtssoziologie*. Opladen: Westdeutscher Verlag.

Luhmann, N. (1987a). Die Differenzierung von Politik und Wirtschaft und ihre gesellschaftlichen Grundlagen. In Ders., *Soziologische Aufklärung 4* (S. 32–48). Opladen: Westdeutscher Verlag.

Luhmann, N. (1991). Wirtschaft als soziales System. Ders., *Soziologische Aufklärung 1* (S. 204–231). Opladen: Westdeutscher Verlag.

Luhmann, N. (1991a). Organisationen im Wirtschaftssystem. In Ders., *Soziologische Aufklärung 3* (S. 390–414). Opladen: Westdeutscher Verlag.

Luhmann, N. (1994). *Die Wirtschaft der Gesellschaft*. Frankfurt a. M.: Suhrkamp.

Luhmann, N. (1997). *Die Gesellschaft der Gesellschaft*. Frankfurt a. M.: Suhrkamp.

Luhmann, N. (1997a). *Die Kunst der Gesellschaft*. Frankfurt a. M.: Suhrkamp.

Luhmann, N. (2000). *Organisation und Entscheidung*. Opladen/Wiesbaden: Westdeutscher Verlag.

Luhmann, N., & Schorr, K.-E. (1997). Reflexionsprobleme im Erziehungssystem. Stuttgart: Klett-Cotta.

Manager Magazin (2020). Einzelhandel im Weihnachtsgeschäft: Jetzt geht es um Leben und Tod. Online https://www.manager-magazin.de/unternehmen/handel/douglas-butlers-hde-wie-sich-der-handel-auf-weihnachten-vorbereitet-a-4e92c022-559e-439a-859a-4af9d1 8c7fb9.

Manager Magazin (2021). Weltgrößter Vermögensverwalter Blackrock so groß wie nie. Online https://www.manager-magazin.de/finanzen/geldanlage/blackrock-weltgroes ster-vermoegensverwalter-so-gross-wie-nie-a-bb55f17f-811c-489a-9baf-1be7bdbbf982.

Marx, K. (1969/*1846). Die deutsche Ideologie. MEW Band 3 (S. 5–530). Berlin: Dietz Verlag.

Marx, K., & Engels, F. (1972/*1848). Das kommunistische Manifest. MEW Bd. 4 (S. 459–493). Berlin: Dietz Verlag.

Moebius, S., & Schroer, M. (Hrsg.) (2010). Diven, Hacker, Spekulanten. Sozialfiguren der Gegenwart. Berlin: 2010.

Neckel, S., & Wagner, G. (2013). Leistung und Erschöpfung. Burnout in der Wettbewerbsgesellschaft. Berlin: Suhrkamp.

Offe, C. (2000): Anmerkungen zur Gegenwart der Arbeit. In: Jürgen Kocka; Claus Offe (Hg.): Geschichte und Zukunft der Arbeit. Frankfurt am Main, S. 493–501

Otte, M. (2008). Der Crash kommt. München: Ullstein.

Reckwitz, A. (2018). Die Gesellschaft der Singularitäten. Zum Strukturwandel der Moderne. Bonn: BpB.

Riffkin, J. (2000). Access. Das Verschwinden des Eigentums. Warum wir weniger besitzen und mehr ausgeben werden. Frankfurt a. M.: Campus.

Samuelson, P. A., & Nordhaus, W. D. (1987). Volkswirtschaftslehre – Grundlagen der Makro- und Mikroökonomie. Köln: Bund-Verlag.

Schlatt, V., Schweizer, A., Urbach, N., and Fridgen, G. (2016). Blockchain: Grundlagen, Anwendungen und Potenziale. Projektgruppe Wirtschaftsinformatik des Fraunhofer-Instituts für Angewandte Informationstechnik FIT. Online https://www.fim-rc.de/Paperb ibliothek/Veroeffentlicht/642/wi-642.pdf.

Schulmeister, S. (1998) Der polit-ökonomische Entwicklungszyklus der Nachkriegszeit. Vom Bündnis Realkapital-Arbeit in der Prosperität zum Bündnis Realkapital- Finanzkapital in der Krise. In Internationale Politik und Gesellschaft, H. 1, S. 5–21. Online https://www. fes.de/ipg/artschulmeis.html.

Schultz, T. (1971). Investment in Human Capital: The Role of Education and of Research. New York: The Free Press.

Seidenbidel, C. (2012). Wie kommt Geld in die Welt? Online https://www.faz.net/aktuell/wir tschaft/wirtschaftswissen/geldschoepfung-wie-kommt-geld-in-die-welt-11637825.html.

SevDesk (2019). 31 Geschäftsideen, um sich nebenher selbstständig zu machen. Online https://sevdesk.ch/blog/geschaeftsideen-nebenher-selbststaendig/.

Simon, F. B. (2009). Einführung in die systemische Wirtschaftstheorie. Heidelberg: Auer.

Sloterdijk, P. (2009). Du musst dein Leben ändern. Frankfurt a. M.: Suhrkamp.

Stäheli, U. (2014). Hoffnung als ökonomischer Affekt. In I. Klein, & S. Windmüller (Hrsg), Kultur der Ökonomie. Zur Materialität und Performanz des Wirtschaftlichen (S. 283–299). Bielefeld: Transcript.

Stalder, F. (2016). Kultur der Digitalität. Berlin: Suhrkamp.

Steg, J. (2020). Normale Anomalie. Die Coronakrise als Zäsur und Chance. In *Blätter für deutsche und internationale Politik*, Jg. 65, H. 6, S. 71–79.

Stockmann, G. (Hrsg.) (2011). *Schöne neue Arbeitswelt. 20 Interviews aus dem Prekariat.* Gösing: Edition Neue Wege.

Unmüßig, B., Fatheuer, T., & Fuhr, L. (2015). *Kritik der grünen Ökonomie: Zauberformel oder Irrweg?* München: Oekom.

Vobruba, G. (2014). *Entkopplung von Arbeit und Einkommen. Das Grundeinkommen in der Arbeitsgesellschaft.* Wiesbaden: Springer.

Voß, G., & Pongratz, h. J. (1998). Der Arbeitskraftunternehmer. Eine neue Grundform der Ware Arbeitskraft? In *Kölner Zeitschrift für Soziologie und Sozialpsychologie*, Jg. 50, H. 1 (S. 131–158).

Voss, G. (2018). Was ist Arbeit? Zum Problem eines allgemeinen Arbeitsbegriffs. In F. Böhle, G. Voss, & G. Wachtler (Hrsg.), *Handbuch Arbeitssoziologie* (S. 15–84). Wiesbaden: Springer.

Wimmer, R. (2004). *Organisation und Beratung. Systemtheoretische Perspektiven für die Praxis.* Heidelberg: Auer.

Zech, R. und Dehn, C. (2017). *Qualität als Gelingen.* München: Vandenhoeck & Ruprecht.

Zeit Online (2017). Jeden Tag sterben 15.000 Kinder. Online https://www.zeit.de/gesellsch aft/zeitgeschehen/2017-10/unicef-kindersterblichkeit-neugeborene-who-weltbank.

ZOES (2020). *Grünbuch 2020 zur öffentlichen Sicherheit.* Online https://zoes-bund.de/wp-content/uploads/2020/12/201130_Gruenbuch_2020_digital-BF.pdf.

Printed in the United States
by Baker & Taylor Publisher Services